ちくま学芸文庫

「不思議の国のアリス」を英語で読む

別宮貞徳

筑摩書房

目 次

1 ノンセンス文学への招待　9

『アリス』はワンダー・ランド　　ノンセンスは新しいセンス　　ばかばかしいから人間だ　　ノンセンス文学の巨峰

2 イメージをつかむ読み方　19

日本語にない表現　　全体のイメージをとらえるのが翻訳　　しっかりと読む訓練を　　アリス、いよいよ不思議の国へ　　時計ができてせわしくなる　　another の訳し方　　不思議の国へ行くには必ず特別な通路がある　　as と when の違い　　落ちながらアリスが考えたことは……　仮定法を頭にたたきこもう　　ジョークがわからなくちゃね　　idea を訳してみなさい　　right はどう訳すか　　Antipathies を「退職金」と訳すわけ　　条件を省略した仮定法　　Do cats eat bats? Do bats eat cats?　　日本語の脚韻豊富な擬態語を活かした訳し方

3　不思議の国へ入ると……　61

hall 訳すのもラクじゃない　　ここで分詞構文の復習を　　思いもかけず、ぱったりと　　you で読者をひきこむ　　もう一度仮定法を　　ハイフンで単語化する法　　大きくなる願望・小さくなる願望　　幻想の世界に入るには　　-ing のいろいろ　　小さくなって泣き出したアリス　　rather は、「むしろ」よりむしろ「ちょっと」がよい　　ゲートボールの元祖、クロケー　　自分をわらえる精神

4　翻訳ってこんなにおもしろい　103

more common か commoner か　　こんどはどんどん大きくなる　　shall は、もともと主語以外の意志（力）を示す　　must と have to はどう違う　　涙のプールで泳ぐアリス　　may, could, might　　used to と would　　扇子のせいだ！　　ネズミと泳ぐアリス　　had better はきつい言い方　　something と anything の大きな違い　　またまた大きくなるアリス　　なぜ

one を使うのか　　that が全部わかればもう一人前　　アリス、チェシャ・ネコに会う　　creatures の意味　　鼻の単語は sn で始まる　　思いもよらぬ翻訳者の苦労　　笑いにもいろいろありまして　　in fact を無神経に訳さない　　不思議の国では猫も笑う　　terrify, terrible, terrific　　一語多義と同音異語　　mean は、なんでも「意味する」ではない

5　『アリス』の本当のおもしろさ　　165

A Mad Tea-Party　　toss one's head は「胸をそらす」　　パーティをとび出して花園へ　　トランプたちの言い合い　　トランプの女王がやってくる　　お上品な話にすると想像力が枯れるうねとあぜ？　　ブタに飛ぶ権利がある　　果報・電報・情報・虚報　　誰がパイをぬすんだか？　　「たかがトランプの札じゃない」

あとがき風に　　197
またまたあとがき風に　　200

「不思議の国のアリス」を英語で読む

1 ノンセンス文学への招待

『アリス』はワンダー・ランド

　『不思議の国のアリス』がずいぶん読まれているようです。書店へ出かけて、どれくらい翻訳が出ているか調べてみたら、たちどころに6種類見つかりました。本腰を入れてさがしたら、もっと見つかるでしょう。去年大学を出た教え子に、『不思議の国のアリス』の翻訳をテーマに卒業論文を書いた人がいましたが、そこで取り上げられていたのは、絶版になったものも含めて、なんと11種類でした。

　こんな話をすると、その種類の多さよりも、『アリス』などを卒論にえらぶ人がいることにびっくりなさるかもしれません。しかし、それはびっくりする方がまちがっています。一昔あるいは二昔前なら考えられなかったことにしても、今は『アリス』を含め児童文学をテーマにする人がずいぶんいるのです。学生がみな子供っぽくなったのでしょうか？

　とんでもありません。児童文学といっても、りっぱな文学にはちがいありませんし、おとなが読んでも十分おもしろく、これを子供だましだとばかにするのは、ばかなおとなというほかありません。ぼくが『アリス』を読んだのもかなりおとなになってからのことでした。『アリス』ばかりでなく、C. S. ルイスの『ナルニア国物語』とか、トルキーンの『ホビットの冒険』とか、幼い息子に読んできかせようと思って買ってきながら、そのおもしろさにひきこまれて自分ひとりで読んでしまったもの

です。
　ひところはリアリズム文学がさかんで、卒業論文もヘミングウェイ、フォークナーといったところが圧倒的でした。今はファンタジーとノンセンスの時代といっていいかもしれません。SFがもてはやされているのもそのあらわれでしょう。映画の『スター・ウォーズ』、テレビ・アニメの『銀河鉄道999』『宇宙戦艦ヤマト』……と数えていけばきりがありません。
　なぜこんなに非現実の世界に目を向けるのか。現実の世界にはもう夢がなくなったからだ、としたり顔でおっしゃる識者がよくいるものです。人間なんてばかなものさ、近い将来に核戦争が起こって絶滅するのがおちだ。受験受験で灰色の高校生活を送り、大学へ入ればトコロテン式に4年たてば押し出され、就職していわれたとおりに勤めていれば、まあ部長ぐらいまでは行くだろうが、それだけのこと。先の先まで見えている。上からはしめつけられ、下からはつきあげられ、個人的なデータまですべてコンピュータにインプットされた管理社会——ああ、つまらない、つまらない。せめて頭の中だけでも、この暗い現実から逃げ出そう——その気持が作者と読者をファンタジーやノンセンスに向かわせるのだ、と。そうするとつまり、ファンタジーやノンセンスは現実逃避にほかならないことになります。
　たしかにそういう逃避の一面もあることは、ぼくも否定はしません。しかし、それをいうなら、芸術にせよ、スポーツにせよ、現実の生活というか実際に生きていく

上で直接必要のないものはすべて逃避の一面を持っていることも認めるべきでしょう。会社の帰りに同僚と一ぱいやって、仕事と上司に対する不満鬱憤をさらけ出すのもそうなら、休日にゴロ寝するのもゴルフするのもそう。およそレクリエーションと名づけられるものはみな同じことがいえます。現実を離れなければ、レクリエート、つまり「気分を晴らす」「元気を出させる」、さらに原義にさかのぼって「創造し直す」ことなどできるものではありません。たしかにある意味で逃避の一面はある。そのとおりです。しかし、その一面しか認めないことは、とんでもないまちがいだと思います。

ノンセンスは新しいセンス

今世紀のはじめのイギリスにG. K. チェスタトンという文人がいました。耳慣れない名前かもしれませんが、ブラウン神父シリーズの推理小説の作者だといえば、ああ、あれかと思いあたる人がきっといるでしょう。しかし、ただの推理小説作家と片づけてしまってはチェスタトンに失礼です。彼は小説であれ、詩であれ、評論であれ、行くところ可ならざるはなき多芸多作の才人で、絢爛たる修辞と意表をつく逆説をもって知られる文壇の巨匠でした。そのチェスタトンに「ノンセンス文学弁護」と題する評論があります。そこから二、三引用してみましょう。

　　ノンセンスは新しい文学である——新しいセンスの

発見である。

　何事にせよ、いかにも理屈にかなったものであるかぎり、驚嘆、驚喜すべきことではなくなる。たとえば樹木というものがなんの変哲もなく、キリンに喰われて当然かつ自然なものと考えているかぎり、われわれは当然、樹木に感じてしかるべき驚喜をついに感じることはできぬであろう。樹木は、実は生ける大地がなんの理由もなく空に向かって立ちあがり、大きく手を振っているその驚異の姿であると考えた時こそはじめて、われわれは樹木に向かって脱帽する気になるのである。あらゆるものには、われわれの目に見えているのとは別の面がある。……そしてひとたびこの別の面から見るならば、小鳥はすなわち花が枝の鎖から解放されて空に舞う姿であり、人間とは実は後脚二本だけで立ちあがり、チンチンしている奇妙な四足の動物にほかならず、家とはつまり人間のかぶる日除けの帽子で、椅子とはすなわち、二本しか脚のない不自由な動物が掛ける四本脚の装置であると合点がゆくのだ。

　物事のあるがままの姿に素直に驚嘆する心、そして物事が、われわれの知的な規準やケチな定義の群れをあまりに軽々と無視してほとばしることに率直に驚喜する心——これこそ信仰の基礎であり、そしてノンセンスの基盤にほかならぬ。……事物の真髄を三段論法で釣り出そうとするのは、釣針で海の怪獣リヴァイア

サンを釣り出そうとするのと同様不可能である。事物の論理的な側面ばかりを研究して、「信仰はノンセンスだ」などと結論する御仁がある。実は自分がどれほどの真理を語っているかをご存知ないのだ。やがてかかる御仁にも思い当たる時もあろう。信仰はまさにノンセンスであり、そしてその逆もまた真なのだ。ノンセンスは信仰なのである。

（別宮貞徳・安西徹雄訳『棒大なる針小』春秋社より。
引用文は安西訳）

ばかばかしいから人間だ

ノンセンスなんて、そんなばかばかしいものが本気にできるか、信じられるか、というのはやめましょう。桃太郎の話をすると、「そんなのうそだ。イヌやサルが人間に向かってお団子くれなんていうはずないよぉ」。かぐや姫の話をすると、「ばかいってら、月に人間なんかいなかったじゃないか。ちゃんとテレビで見たもん」。浦島太郎の話をすると、「それはおかしい。アクア・ラングがなければそんなに海の中をもぐれるはずがない」と、変に科学的な反論を表明する子供が結構多い世の中ですが、そういつもいつも科学にとらわれているのは息がつまります。人間は目に見えないものでも結構信じるものなのです。たとえば愛。親の愛、夫婦の愛、恋人の愛——当事者は、なんのあかしがなくてもそれを疑ってもみません。だいたいあかしなどできるものではなし、また、あかしがなければ信じないというのは、すでに愛のないあ

かしかもしれません。科学をみなさんずいぶん絶対視なさるようですが、科学の法則も目に見えるものではなく、実際に目で見ているのは、毎朝毎朝太陽が東から昇っているという事実、どの川もどの川も低い方へ流れているという事実、昨日も今日もケーキを食べればなくなったという事実、昨日カボチャだったものは今日もやはりカボチャだという事実にすぎません。つまり、科学の法則とは、今までいつもそうだったからこれからもきっとそうだという推定です。

　日常生活はその推定に従っていとなんでゆくのが当然でしょう。しかし、ひょっとすると太陽が西から昇ることがあるかもしれないし、川の水が上に流れることがあるかもしれないし、「ケーキは食べればなくなる」ということわざに反して、食べてもなくならないことがあるかもしれないし、カボチャが棒の一振りで馬車に変わることがあるかもしれないと、時には考えるのは、むしろ人間的なのではないでしょうか。普通の動物には絶対にそんなことはありません。動物は見えるもの、聞えるもの、嗅げるもの、その他ひっくるめて知覚だけがたよりで、その行動は完全に筋がとおり、目的にかなっています。

　人間は理性をもっていますが、必ずしも合理性だけに従って生きているのではなく、考えてみるとずいぶんばかばかしいことをやっているのです。そして、そのばかばかしい行為が文化というものをうみ出しているのです。実はこれは、日ごろぼくが話したり書いたりしていることですが（たとえば『複眼思考のすすめ──非合理が文化を

作る』講談社文庫)、ノンセンスやファンタジーについても、言いたいのは結局そのことになってきます。

　逃避？　いや、逃げて背中を向けるのではなく、離れて対面するのだ。

　ノンセンス？　無意味ではなく、新たな意味を見つけるのだ。

　ばかばかしい？　いや、ばかばかしいからこそ人間らしいのだ。

ノンセンス文学の巨峰

　そのノンセンス、ファンタジーの一大巨峰が『不思議の国のアリス』です。

　『不思議の国のアリス』(*Alice's Adventures in Wonderland*)、作者はルイス・キャロル (Lewis Carroll)。実はルイス・キャロルはペンネームで、本名はチャールズ・ラトウィッジ・ドジソン (Charles Luttwidge Dodgson) というオックスフォード大学の数学・論理学教授でした。先ほど名前をあげた C. S. ルイスやトルキーンも大学教授で、児童文学は学者になにかとご縁があるようです。

　ドジソンは内気で、ちょっとどもる癖があったようです。それがこういう作品をうみ出す力になったのかもしれませんが、ともかく、あるとき友人のロビンソン・ダックワース先生といっしょに、学寮長リデル先生の三人娘をつれてテムズ川にボート遊びに出かけ、そのまん中の娘アリスにせがまれて、思いつくままに空想的な物語を話してきかせたのが、この名作の生まれたきっかけで

した。

　アリスとの約束にしたがって、その話を最初に文章にまとめたのが『地下の国のアリス』。それをさらに書き直し、また書き加えて完成したのが『不思議の国のアリス』、1865年のことでした。今からおよそ140年前ということになります。挿絵をかいたのは当時有名な漫画家テニエル（John Tenniel）です。

　この作品の解説、特に昨今はやりの記号論的な分析などは、ほかの書物にゆずりましょう。むずかしいことは一応抜きにして、このけたはずれにおもしろい、奇抜な名作を、いっしょに英語で読んでみませんか、というのが、ぼくの、そして編集部からの読者のみなさんへのおさそいです。決してむずかしくはありません。そして、翻訳ではいまひとつピンとこなかったところが、原文を見ればなるほどと腑におちることがきっとあると思います。いちだんとおもしろみがますことでしょうし、おまけに英語力がつくという余得もあります。高校・大学を出て、英語の力がさびついた人もいるでしょうし、まだ勉強途上でもっとみがきをかけたい人もいるでしょう。楽しみながら学ぶという点では、この本はうってつけだと思います。

　原文のテキストはいろいろあり、なにを使っても結構ですが、ペンギン・ブック版（なお、本文の引用文のいちばん最後についている数字は、ペンギン版のページを示しています）は、パズルで有名なマーティン・ガードナーが注をつけていて参考になります（ただし、英文解釈上の注

ではありません——念のため)。先ほど触れたとおり翻訳もたくさん出ていますから、参照したければ、時に開いてみるのもいいでしょう。

　講釈はこれくらいにして、すなおに驚き、すなおに楽しみ、すなおに喜ぶために、アリスとともに、さあ、ワンダーランドへ……

2　イメージをつかむ読み方

日本語にない表現

> Alice was beginning to get very tired of sitting by her sister on the bank, and of having nothing to do: once or twice she had peeped into the book her sister was reading, but it had no pictures or conversations in it, "and what is the use of a book," thought Alice, "without pictures or conversations?"
>
> So she was considering, in her own mind (as well as she could, for the hot day made her feel very sleepy and stupid), whether the pleasure of making a daisy chain would be worth the trouble of getting up and picking the daisies, when suddenly a white rabbit with pink eyes ran close by her. (25)

最初の場面。アリスはうんざりしてきました。土手の上で、お姉さんのそばに坐っているだけ。なんにもすることがないのです。さっそく出てくるのが be (get) tired of 〜ing という熟語で、さっそく学校の英語に文句をつけますが、学校では tired with 〜 は「疲れる」、tired of 〜 は「退屈する、うんざりする」とはっきり区別するように教えられるかもしれません。しかし、実際には tired from か tired of で、tired with ～という形はほとんど使われないようです。アリスはお姉さんの読んでいる本をのぞきこんでもみたのですが、さし絵もなければ、せりふも出てきません。had peeped と過去完了になっているのは、もちろん、そのときすでに完了していたことだからですし、the book her sister was reading には関係代名詞が省略されています。そして、it had no pictures or conversations... こんな簡単な、基本的な表現も日本語にはないことに注意しましょう。it はいうまでもなく、the book ですが、本が何かを持っているとかいないとか、日本語では普通言えません。無生物主語と呼ばれるもので、まるで物に意思があるようなこの語法も、「何が彼女にそうさせたか」のように、かなり日本語にとり入れられましたが、特殊な効果をねらった表現で、いつでもいいというわけにはいきません。英語を読むときにはいつもそれに対応する日本語とのちがいに目を向ける、英語を通じて改めて日本語を考え直すことが大切です。

全体のイメージをとらえるのが翻訳

"... what is the use of a book without pictures or conversations?" は「さし絵もせりふもない本なんてどうしようもないじゃない」とでもなりますか。地の文はだいたい子供にはむずかしいことが多いもので、だからこそ子供は漫画を好むわけですが、この頃はおとなも絵とせりふばかりの本を好むようです。たしかにおもしろいですが、いつも絵とせりふばかりでは頭のボケが早く

なるのではないでしょうか。

そこでアリスは考えました、in her own mind で。「心の中で」といっても、ここではかまいません。しかし、mind とはほんとうのところなんでしょうか。簡単に、無反省に、「心」とか「精神」で片付ける人がいて、また日本語で「心」とはずいぶんあいまいな言葉なので、それですんでしまうことも多いのですが、mind は body に対立する「精神、魂」を意味することもあるにしても、むしろ feeling に対立する「知」と考えた方がいい。その場合は、「心」よりは「頭」にあたります。いつでも「心」と思っていると、とんでもないまちがいをしでかしますから注意が肝要。たとえば simple-minded は、率直な心を持っているのではありません。英英の辞書を見ると、stupid, foolish とあります。つまり、頭の構造が単純なこと。ついでに simple-hearted をしらべてみると、こちらはまさに frank です。

ところで何を「頭の中で」考えていたのか。(as well as...) をとばして次の whether 〜につながります。whether the pleasure of making a daisy chain would be worth the trouble of getting up and picking the daisies, 文字どおりに訳すと、「ヒナギクの花輪を作る楽しみは、起きあがってヒナギクを摘む面倒に値するかどうか」ですが、もっと自然な日本語にいいかえると、「ヒナギクで花輪を作るのも楽しいけれど、わざわざ立ち上って花を摘むのも面倒だし……」。みなさん、別に翻訳家になるつもりもないでしょうし、翻訳家のように訳さな

いといけないとも申しませんが、翻訳とはそういうものであることだけは知っておいて下さい。一語一語をおきかえればいいというものではありません。それでは全体の印象や雰囲気、文章のいきおいやリズムが台無しになる。全体の意味さえずれてしまうことがあります。イメージをしっかりとらえて、それを自分の言葉で表現しなおす、それが翻訳です。

しっかりと読む訓練を

　さて、かっこの中はなんでしょう。as well as she could, おなじみのイディオムで「できるだけ」「精一ぱい」です。for は？　わかりきったこときかないで、とおっしゃるかもしれません。もちろん「なぜなら……から」です。では、because におきかえてもいいでしょうか。その問にはっきり答えられる人は意外に少ないと思います。その答は「ノー」です。for は等位接続詞で節と節の間にしか使われないという使い方のちがいは別として、because との働きのちがいは、学校では教えてくれません。同じく理由を示すものながら、for は前述の事柄についての筆者自身の説明、because は事柄自体の直接の原因・理由をあらわします。よくあげられる例は、

(1) It's morning, for the birds are singing.
(2) It's morning, because the birds are singing.

(1)は正しいけれども、(2)は誤り。なぜかというと、鳥

が鳴くことは朝になる原因ではないからです。朝だ、なぜそういえるかというと、鳥が鳴いているからだ。ただし実際問題としては、筆者の説明も直接の原因も同じで、for と because のどちらを使ってもいい場合が多いものです。そして、for をいちいち「というのは……」とか「なんとなれば……」とか訳さなければならないものではありません。文脈から理由を述べていることが推察できればそれで十分です。たとえば、「朝だ。鳥が鳴いている」でちゃんとわかるでしょう。

　そこで今の場合ですが——

　as well as she could という表現の裏にはどんな気持が隠されていると思いますか？　「なかなかむずかしいけれども、どれくらいできるかわからないけれども——とにかく、精一ぱい」ですね。簡単にできることなら、誰もそんな限定、留保はつけません。for はそういう限定をつけたことに対する説明です。従ってかっこの中は、わかりやすく説明すると、頭の中でいろいろ考えた、考えたといってもできる限りのことで、できる限りというのは、暑さのため眠い上、頭がぼうっとしていたからだ——ということになります。

　つまらない、些細なことをごてごて解説しているように見えますが、書かれている文章をこんなふうに、論理的に、きっちりとらえるのは大へん大事なことだと思います。いつもいい加減に、上っつらだけすうっと読んで何もかもわかったつもりになっていると、そのうちとんでもない怪我をしないとも限りません。ある訳本には

「暑い日でしたから、ひどくねむくなって、頭がぼんやりしてくるのをふせぐために、一生懸命考えていました」、また別の本には「一生懸命に——といっても、なにしろひどく暑い日だったので、とてもねむくて、ぽうっとなっていましたが——」と書かれていますが、はっきりいって論旨がちがいます。もちろん、こんなところで少々ずれたって、大勢にはまったく影響ありませんが……。

アリス、いよいよ不思議の国へ

　そして when suddenly... いうまでもないことながら、これはひっくりかえるのではなく、上から流して「……と、突然」と訳すべきところです。突然現われたピンクの目の白ウサギ——ウサギには rabbit と hare とあって、rabbit は穴居性、従って正しくはアナウサギというらしいのですが、そこまで細かくせんさくするには及びません。白いウサギがアリスのわきを駆け抜けて行きました。

　それだけならどうってことなかった。野原にウサギがいても、イギリスの郊外なら不思議はないでしょう。そのあとです、尋常でなくなってくるのは。白ウサギは "Oh dear! Oh dear! I shall be too late!"（「たいへん、たいへん、遅れそうだ！」）とひとりごとを言っています。ところが、アリスはそれを聞いてもまだ不思議だとは思わない。nor did Alice think it so *very* much out of the way to hear... とあります。out of the way は、文字通り「道から出ている、はずれている」で、日本語にも「常軌を逸した」という表現があります。ウサギが人間の言

2　イメージをつかむ読み方　025

葉をしゃべるのは、どう見ても常軌を逸していますが、アリスがそう思わなかったのは暑さボケのせいでしょうか。あとになって彼女もこりゃヘンだったなと思い返します。

　… when she thought it over afterwards, it occurred to her that she ought to have wondered at this,

　occur は「頭に浮かぶ、考えつく、思いあたる」。ought to have wondered は、wonder（不審に思う）べきであったのに、実際にはそう思わなかった、ということです。この ought to＋have p.p. の形は、あとで出てきますから（「4　翻訳ってこんなにおもしろい」114 ページ）、そのときに説明するとして、今はとにかくこういう意味だとおぼえておいて下さい。
　ところが、ウサギがチョッキのポケットから懐中時計を取り出して時間をたしかめるのを見るに及んで、さすがにアリスも、

　… started to her feet.

この start は「出発する」ではありません。「びくっとする」「とびあがる」です。to one's feet は、stand, rise, jump, spring のような動詞とともに用いられる句で、要するに、2 本の足で立っていることを意味します。

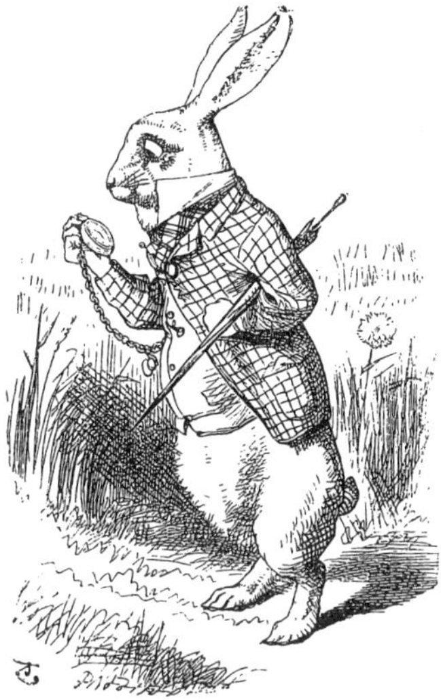

時計ができてせわしくなる

　それはそうと、チョッキのポケットから懐中時計を取り出すとは、なんと昔懐かしいしぐさではありませんか。くさりをチョッキのボタン穴に留め、その先につけた時計をポケットに入れておく。時間を見たいときには、くさりを持って引っ張り出すわけです。それが紳士の身だしなみでした。医者もそうでした。脈をはかる・せんせい・が、片手で患者の手首をとり、もう一方の手に持った時計の針をじっと見つめるしかつめらしい顔。もう一つまぶたに浮かぶのは、駅の駅長だか、助役だか、赤線入りの帽子に白手袋という制服姿で、やおら時計を取り出し、時間をたしかめながら、発車のベルを押す情景です。鉄道関係の人が使っていた懐中時計を鉄道時計といって、アンティーク趣味の若い人に今人気があるそうですね。ひき出しの中にほうりこんであったのを、娘が大喜びで持って行きました。

　昔は時間を確かめるのも悠然としていたような感じがします。時計を懐中から出すというしぐさがそう感じさせるのでしょうか。先ほど書いたとおり、「やおら・時計を取り出し」です。このウサギの動作をもう一度見てみましょう。

　… the Rabbit actually *took a watch out of its waistcoat-pocket,* and looked at it, and then hurried on,

取り出して、(and) 見て、(and then) それから、走り出す。今は絶対にこうはなりますまい。腕時計という便利なものができています。時間を見たければ、腕をサッとあげるだけでOK。「やおら」なんていうものじゃなく、「サッ、チラッ」です。「たいへん、たいへん、遅れそうだ」という状況なら——たとえば、駅まで必死で走りながら、何度となく、「サッ、チラッ」をやっているにちがいありません。時間を見るために、わざわざ立ち止まって、時計を出して……昔は、のんびりしたものでした。

　『不思議の国のアリス』が書かれたのは、今からもう140年も前のこと。腕時計はまだありませんから、当然こういうことになるわけですが、それを「のんびり」ととらえるのは、私たちが現代人だからこそで、さらに昔の人——携帯用の時計などまだ知らない人の目にはさぞかし「せわしない」とうつるにちがいありません。つまり、見方を変えれば、140年前にはすでにそういうせわしない状況になっていたということです。

　なぜか？　時計ができたから。柱時計、懐中時計、腕時計、それでもまだ足りず、最近は目ざましから、ストップ・ウォッチまでついていて、たしかに便利なことこの上なしです。しかしそのために、人間は逆に時間にしばられ、時計の奴隷となってしまいました。時計のみならず、機械文明にはすべてそういった一面があります。

　『アリス』の最初の場面に出てくるのが、時計を見ながら「遅れそうだ、遅れそうだ」とボヤいているウサギとは。作者ルイス・キャロルが実際に何を考えていたかは

知りませんが、なんとなく象徴的なものを感ぜずにはいられません。

another の訳し方

　もちろん、アリスは子供ですからそんな七面倒なことを考えたり、感じたりはしません。

　… burning with curiosity, she ran across the field after it.

burn は「燃える」で、それ以外の意味はありませんが、どんな言葉とも同じく、比喩的に転用はされます。体の中にほんとうに燃えるものが入っているのではないのに、日本語でも「憎しみに燃える」とか、「若き血に燃ゆる者……」というでしょう。頭が「かっか、かっか」という擬態語も、いかにも燃えている感じがします。ここは何で燃えているのか？　curiosity「好奇心」です。ただし、漢語一語で表現すればこそ「好奇心」なのであって、curiosity のもとの形容詞は curious、意味は「ものを知りたがる」です。日本語の児童書では「好奇心に燃えて」とはなかなかいえないでしょう。大きい子供にはわかるとしても、小さい子供にはそれではまずい。英語では、curious を知っていれば、curiosity は形から見てすぐわかります。日本語では、「知りたがる」と「好奇心」の間に、形の上でなんのつながりもありません。こんなところにも日英両国語のちがいがあって、翻訳するとなれば

――子供にわからなければどうしようもありませんから
――それなりに神経をつかわなければならないわけです。
　これはどうしたことかと、いても立ってもたまらず、あとを追いかけ、野原をつっきって行くと、

　… was just in time to see it pop down a large rabbit-hole under the hedge.

be in time は「間に合う」ですが、「見るのに間に合う」はいかにもヘンですから、「ちょうど、このウサギが生垣のかげの大きなウサギ穴へピョンととびこむのが目にはいりました」といえばいいでしょうか。
　そのつぎがいかにも子供らしいところです。

　In another moment down went Alice after it, never once considering how in the world she was to get out again.

another を other からの連想で「ほかの、別の」としか考えない人が時々いますが、「もう一つ」というほかの意味があることをお忘れなく。another day は「別の日」のこともあれば、「さらにもう一日」のこともあります。in another moment は「つぎの瞬間」です。in the world は「いったいぜんたい」。「世界中で」という意味もありますが、この場合それでは意味をなしません。同じような表現（疑問の強調）に on earth というのがあることも

2　イメージをつかむ読み方　031

ついでに思い出して下さい。down went Alice... は Alice went down... をひっくり返したもの（いわゆる倒置）。down を強調しています。いかにも落っこちたという感じがするでしょう。was to は be to という例の語法で、いろいろなニュアンスで使われることを文法で習ったと思いますが、これは可能と考えればいいでしょう。いろいろなニュアンスといいましたが、ほかに予定・義務・運命など、いずれも未来に属することで、主語以外のもの（たとえば環境）の働きがかかわってなされる行為を示します。「……することになる」という日本語が基本的にはちょうどそれにあたるでしょうか。

never once considering how 〜　「どうやって穴から出ればいいか、まるっきり考えもしないで」。やっぱり子供です。あとの方に、アリスはりこうな子で、身近な人が教えてくれた教訓をいつも心にとめており、あわてて行動にうつらない、ということが出てきます。しかし、ここであれこれ考えていたら、あのおかしなウサギを見失う。それっとばかりにとびこんだアリスの気持はよくわかりますし、この期に及んであまり分別くさいのは子供らしくありません。

不思議の国へ行くには必ず特別な通路がある

この穴こそ「不思議の国」の入口なのでした。不思議の国、この世ならぬ別の世界に入るときには、必ず何か特別な通路がなければならないようです。時には穴であり、時には森であり、時には水であり……『おむすびこ

ろりん』はネズミの穴、『眠り姫』は森、『浦島太郎』は海でした。変わったものとしては、『ナルニア国物語』の洋服だんすがあります。かくれんぼで洋服だんすの中にかくれる。手をのばすと、あるべきはずの背板がない。そのままどんどん進むうちに雪がちらちら降り出し、遠くにポツンと街灯が見える。なんともすばらしい設定です。『不思議の国のアリス』の続篇『鏡の国のアリス』は、鏡を抜けることが幻想のはじまりになっています。ギリシア神話のオルフェウスとエウリディケーの物語を翻案したジャン・コクトー作のフランス映画『オルフェ』も、やはり、鏡を通って黄泉の国へ下って行きました。幻想世界に入るのに特別な入口がいるといいましたが、こういう話ができる成り立ちはむしろ逆だったのかもしれません。うっそうと木のしげった森だとか、まっさおな水をたたえた海、湖とか、奥深い洞穴とか、ふだん人間がはいれないような所、何か底の知れないものは、あやしい魅力をもって人の心をひきつけます。この森に分けいってみようか、この水の中にとびこんでみようか、この洞穴に足を踏みいれてみようか、ひょっとするとその向こうには、見も知らぬ別の世界が開けているかもしれない。その気持が裏返しになって、幻想世界にいたる通路として、洞穴などが想定された、とも考えられるわけです。

　そういえば、近ごろはやりのSFによく出てくるタイム・トンネル。自由自在に過去・未来にとんで行ける仕掛けですが、そのためにはやはり、不可思議なトンネル

を通過しなければならないらしい。得体の知れないコイルのようなものの中を人間が飛んで行って、降り立ったところが恐竜のすむおそろしい島だったり、関ヶ原の戦いのまっ最中だったり、人類の絶滅しかかった都市の廃墟だったり。別にタイム・トンネルでなくても、トンネルというものは、通り抜ける前後の様相がガラリとちがうために、たしかに神秘的な感じがします。

　国境の長いトンネルを抜けると雪国であった。

のあの驚きです。

as と when の違い
　アリスの落ちたトンネルは

　　Either the well was very deep, or she fell very slowly,...

either... or の形です。「とても深かったのか、それとも落ち方がひどく遅かったのかどちらか」。なぜそんなことがいえるかというと（さっき説明した for の用法）、

　　... for she had plenty of time as she went down.

落ちて行く時間がたっぷりあるのです。as は「時」をあらわす接続詞で、when よりも同時性が強いといわれま

す。そのため「……しながら」とか「……したとたん」とか「……するはじから」とか、翻訳にあたっては、いろいろくふうがいる言葉です。

　ともあれ、その長い時間アリスは何をしていたかというと、あたりを見まわしたり、このつぎはどうなるか考えたり。1万メートルの上空から落ちたとしても、地面にぶつかるまでの時間は——運動方程式を解いて計算すると！　——45秒16。高さ1000メートルなら、たったの14秒28です。1000メートルもあるような深いウサギ穴があるわけはありませんから、とても「あたりを見まわしたり、このつぎはどうなるか考えている」ひまなんかないはずです。落ち方が遅い？　そんなバカなことはない。重力の加速度が変わらない限り、ものの落ちる速さは同じだ——いや、こんな理屈をこねまわすのは禁物でしたね。もうここは普通の世界ではないのです。科学の法則など通用しません。つぎつぎにおもしろいことがおこります。

　井戸の横の壁を見ると、一面に戸棚や本棚がついていて、地図や絵がくぎにかけてあります。通りすがり（？）に棚からびんを一つとると、「オレンジ・マーマレード」と書いた紙がはってありました。

　... but to her great disappointment it was empty：

このtoはなんといえばいいか……ある結果を示す、というようなことでしょうか。学校ではto one's surprise

「驚いたことに」など、熟語風に教わっていることと思います。surprise のみならず、何を持ってきてもいいわけです。to my joy なら「うれしいことに」、to your heart's content なら「心ゆくまで」。

　なんと、がっかりもいいところ、びんはからっぽでした。

よくよくアリスはマーマレードが好きだったんでしょうね。中身がはいっていたら、落ちながらペロペロなめたにちがいありません。ちなみに、マーマレードはオレンジの皮から作るのにきまっていますが、マーマレードという言葉そのものは「マルメロ」（日本名「カリン」）からきていることはご存じですか。いわれてみればなるほどです。「マルメロ」はポルトガル語。ジャムや砂糖漬にする果物ですから、「オレンジのマーマレード」とは、実ははなはだおかしないい方ということになります。

落ちながらアリスが考えたことは……
　がっかりしたアリスは、

… she did not like to drop the jar, for fear of killing somebody underneath, so managed to put it into one of the cupboards as she fell past it.

このへんの漫画的な──マンガチックな、と近ごろの若

い人なら言うところ——光景をよく味わって下さい。トムとジェリーの漫画映画を見ているとよく出てきます。墜落する途中でガリガリ爪をたて——どこに爪がたつのかわかりませんが——逆に宙をのぼり始める。と思う間もなく——そんなことは本来できるはずがないので——また急降下を始める。フェリックスにもありました（ミッキー・マウスといい、なぜこんなにネコとネズミばかり主役になるのか）。高い空から落ちるこわさに、頭からヒョイと感嘆符（ビックリ・マーク）が出る。するとそれをパラシュートがわりにして、ゆらゆら降りてくる。アリスのしぐさを見て、ふとそんなことを思い出しました。

　for fear of... は、「……するのがこわくて、……するといけないから」。manage to... は「なんとか……する」で、fail　to... の反対にあたります。as はさっきと同じ as です。つまり、

　　びんを下へ落して、誰かにあたって死なせちゃたいへんだから、落ちる途中で棚の中へなんとか納めた

のですが、落ちる途中でびんをとり出したり、しまったり、まるで止まっているみたいじゃありませんか。「びんを下に落したら」というのも、まさにそんな感じです（物理学的には手を放しても、びんの方が先に落ちることはありません）。

　落ちて行くアリスは、こわいどころか、だんだん得意になってきました。長いマンモス滑り台に乗っている子

2　イメージをつかむ読み方　　037

供も多分同じでしょう。はじめは多少おっかなびっくりでも、大丈夫とわかると、高さと速さが楽しくなり、ひとよりも偉くなったような感じさえ持つものです。アリスの場合、別に大丈夫とわかったわけではないのですが、

"after such a fall as this, I shall think nothing of tumbling down stairs! How brave they'll all think me at home! Why, I wouldn't say anything about it, even if I fell off the top of the house!" (which was very likely true.)

after は「……のあとで」ですが、ここでは理由の意味合いが強くなります。「こんなに落ちたんだから」。think nothing of... は「……をなんとも思わない」で、think much of..., think better of... と、いろいろ応用がききます。「もう階段から落っこったってへいちゃら」というわけです。

仮定法を頭にたたきこもう

次の wouldn't はなんでしょうか。would, should, might のような形にぶつかるとおぞけをふるう人が多いようです。なに、こわがることはありません、それこそ think nothing of... すればよろしい。あとに出てくる even if I *fell* の過去形と組で、いわゆる仮定法 (subjunctive mood) の形を作ります。ここでその基本形を頭にたたきこんでおきましょう。

(1) 仮定法過去

$$\text{If}+主語+過去……、主語+\begin{Bmatrix}\text{would}\\\text{should}\\\text{could}\\\text{might}\end{Bmatrix}+原形〜$$
　　(be 動詞は were)

もし……ならば、〜だろう。
　(現在の事実の反対の仮定)

(2) 仮定法過去完了

$$\text{If}+主語+過去完了……、主語+\begin{Bmatrix}\text{would}\\\text{should}\\\text{could}\\\text{might}\end{Bmatrix}+完了形〜$$

もし……だったら、〜しただろう。
　(過去の事実の反対の仮定)

(3) 仮定法未来

$$\text{If}+主語+\text{should}+原形……、主語+\begin{Bmatrix}\text{would}\\(\text{will})\\\text{should}\\(\text{shall})\\\text{could}\\(\text{can})\\\text{might}\\(\text{may})\end{Bmatrix}+原形〜$$

かりに……することになれば、〜だろう。
　(未来に関する強い仮定)

2　イメージをつかむ読み方

そのほか、条件がはっきりおもてにあらわれなかったり、I wish とか as if の形になったりしますが、これだけきちんとおぼえておけば、あとは簡単に応用がききます。

そして今の場合はこの(1)の形です。「たとえ家のてっぺんから落ちても、何もいわないわ」。実際に家のてっぺんから落ちたわけではないので、現在の事実と反対の仮定になります。過去の事実と反対の仮定と帰結なら、

I *wouldn't have said* anything, even if I *had fallen* off the top of the house.

となるわけです。わかりましたか？

ジョークがわからなくちゃね

さて問題はそのあとのかっこの中。これはわかりましたかね？　likely は「……しそうな、……らしい」です。従って which was very likely true. は、文字通りには「……非常にほんとうらしかった、非常にありそうなことだった」になります。何が？　いいかえると which は何をさすのか、その先行詞は何か？　前文、つまり、「何もいわない」ことです。直訳すれば「何もいわない、というのは大いにありそうなことだった」。わかりましたか？　もうわかってくれないと困りますが、これはジョーク、冗談です。大いにありそう——きっとそうなる——のはなぜかというと、家のてっぺんからころげ落ち

れば、いっしょにいのちまで落してしまって——これもジョークのつもり——何もものがいえなくなるから。日本人は「天孫民族」をもじって「テンション民族」——わかりますか？ tension つまり緊張民族——と冗談にいわれるとおり、いつもしゃちこばっている感じ。うっかり冗談をいおうものなら、ぶんなぐられないまでも、いやな顔をされることが多いようです。これは国際人指向がしきりにいわれる今日、決してほめられたことではありません。外国人はジョークが好きです。すぐ口にするし、書きもします。商社勤務のぼくの友人がしばらく海外に駐在していたとき、アメリカ人のボスに、ひとと話をするときにはせめて10分に一度は笑わせるぐらいでなければだめだ、と命令されたとか。学術的な本を見ても、よくふざけた文章にぶつかります。日本なら、何だ不謹慎な、とおこられるのではないでしょうか。

　ジョークは人間関係の潤滑油にもなりますし、頭の体操にもなります。ちょっとした飛躍をこしらえて、わざと常識をはずしたのがジョークのおもしろさで、いってみればなぞなぞのような面もあるわけです。いつまでも首をひねっているとシラけます。「屋根のてっぺんから転げ落ちたって、泣き声一つたてやしないから！」（そりゃそうでしょうとも）——即座に、ああなるほど、とわかるようになって下さい。おまけに『アリス』はノンセンス文学の王様で、ふざけた話やせりふがつぎからつぎへと出てきます。そのたびに首をひねっていると、首が回らなくなりますからご用心！

下へ、下へ、下へ、いくら落ちても底に着きません。アリスはいろんなことを考え始めます。「もう地球のまん中へんまできっと来てる。そうすると、もう4000マイルも落ちたことになるわ」。

" — yes, that's about the right distance — "
「ええと、そう、ちょうどそれくらいね。」

学校でこういうようなことを習った（Alice had learnt several things of this sort in her lessons in the schoolroom)、と書いてありますが、なかなかよくおぼえています。みなさんはどうですか？　地球の周囲は4000万メートル（というより、逆に、極から赤道までの子午線上の距離の1000万分の1を1メートルときめたのです）。その値から地球の半径を計算し、マイルであらわすと、約3960マイルになります。アリスの記憶もなかなか大したものじゃありませんか。ところが、

"... but then I wonder what Latitude or Longitude I've got to?"

この get は「到達する」という意味。従って「どの緯度、経度に到達したのだろう」、いいかえると、「ここの緯度、経度はどのくらいかしら」ですが、地球の中心へ向かって落ちて行くなら、緯度にも経度にも変化はありません。アリスがこんなことをいったのも道理、

Alice had not the slightest idea what Latitude was, or Longitude either, but she thought they were nice grand words to say.

idea を訳してみなさい

　ここで気をつけなければいけない言葉は idea です。「アイディア」というカタカナ語は、日本語としてほとんど定着してしまって、誰でも使うし、また誰でもわかったつもりでいます。しかし、日本語の「アイディア」と英語の idea は必ずしも一致しません。日本語では「いいアイディアが浮かんだ」というような使い方しかしないと思います。本来の日本語なら「思いつき」にあたるでしょう。そこで、idea は「アイディア」とばかり思いこんでいると、to get an idea of 〜を「〜のアイディアが浮かぶ」と訳すことになってしまいます。実はこれは「〜を理解する」という意味です。I have no idea what you mean. は、「君のいうことはわからない」。

　アリスには「緯度だの経度だの、これっぽっちもわからなかったのです」。でも、they were（それら）は、to say（口に出すには）、nice grand words（すてきな、りっぱな言葉でした）。つまり、「その言葉を口に出していってみると、かっこよく、りっぱに思えたのです」。

　よくあることでしょう。アリスは決して天才、秀才じゃありません。ごく普通の平凡な女の子です。何もすることがない空白の時間に、ふっと学校のことが思い出さ

れてくる。誰だって勉強のことは気になりますから。それで、地球の中心までの距離は……と復習してみる。うん、ちゃんとおぼえているぞと、今度はちょっと得意になって、よくわかりもしない言葉を口にする。そういういかにも偉そうな自分を、もう一人の自分が見ているので、これはむしろ一人芝居、一人遊びといってもいいでしょうか。知りもしないことを口にして、何を生意気な、などと批判するのはまったくの見当ちがいというものです。子供たちの遊びを見ていると、よくこういうことにぶつかります。このごろは宇宙科学、エレクトロニクスがおそろしく進歩して、子供もその方面の言葉を口にしながらなんとかゴッコをやっています。ほんとうの意味はもちろんわかっちゃいないのですが、わかっていようといまいとどうでもいい。それはある世界をあらわす象徴、あるいは符丁で、その言葉のなかに、なんとかゴッコの世界が成り立っているのです。これもアリスが一人で演じている学校ゴッコと思えばいいのではないでしょうか。

right はどう訳すか

学校ゴッコはなおも続きます。

"I wonder if I shall fall right *through* the earth! How funny it'll seem to come out among the people that walk with their heads downwards! The Antipathies, I think — "

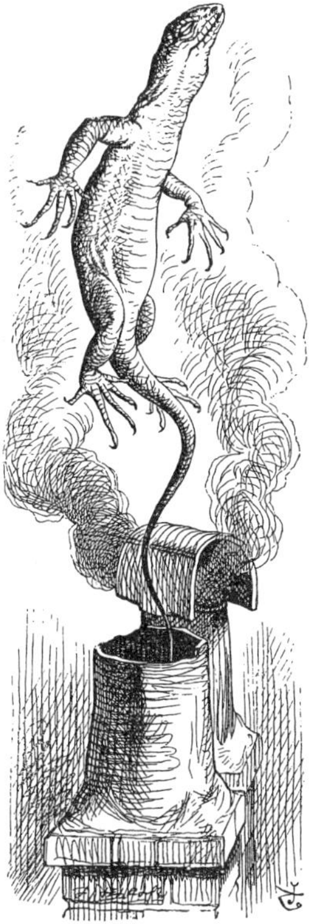

I wonder if... は「……かしら」というきまり文句で、if のかわりに who とか where とかほかの疑問詞が入っても同じことです。「私は……かどうか驚く、不思議に思う」というようなヘンな訳はしないで下さい。そのあとの right という簡単な言葉を、学生がよくまちがえるのは、それこそ不思議に思えます。「正しく」だの「右に」だの、とんでもありません。これは、日本語の「真っすぐ」「真ん中」「真っ黒」「真ん前」などの「真」と同じく、特に意味はなく、ただ強めているだけです。right に本来「真」のような意味があるところが、また似ておもしろいですね。it'll seem の it は、もちろん to come out... の形式主語。that は関係代名詞（先行詞は people）です。with their heads downwards は「頭を下にして」。そうすると、ここの意味は、

　「このままどんどん落っこちて、地球を突き抜けちゃうのかしら。頭を下にして歩いている人たちのまん中へひょっこり出たりしたら、おかしいだろうなあ。」

なんという奇抜な発想。いやいや、奇抜ではなく、その方が自然でまともなのかもしれません。その昔、地球が丸いことをはじめて聞かされた人は、きっとそう思ったにちがいないのです。「地球が丸いとすると、ちょうどこの裏側にいる人は、さかさまにぶら下っているわけだな」と（ついでながら、ある翻訳書でこれが「逆立ちして歩

いている」になっているのは、一見よさそうでいて、やっぱりちがうと思います。逆立ち——つまり、手を地面につけて歩いているわけじゃないのです)。地球の裏側へ行けば、上下の観念（というか、方向）がちょうど逆になるのに、アリスにはそれがピンときません。しかし、昔の人もやっぱりそうだったでしょうし、そのほうがむしろ普通の感じ方ではないでしょうか。今、自分が二階の床の上に立っているとします。地球が丸いとすると、反対側の人は、この床の裏側、つまり一階の天井に足をつけてぶら下っているわけだな、と思ってもむりはありますまい。

Antipathies を「退職金」と訳すわけ

　ところでこのイメージ——自分は二階の床、裏側の人は一階の天井に足をつけていて、二人の足が表と裏で向かい合っているというイメージ、それが次のせりふに出てきます。

"The Antipathies, I think — "

さてなんでしょう。antipathies はちょっとむずかしい単語です。辞書をひいてみると、「反感、毛ぎらい」となっています。ほかの意味はありません。anti は「アンチ・ジャイアンツ」の「アンチ」に見られるとおり、もともとギリシア語で「反」ないしは「対」を意味する言葉です。pathy は、pathetic とか sympathy にある通り（これもギリシア語起源）「感情」。二つあわせて「反感」

——なるほどです。ついでながら anticipate の anti は、本来は ante で、ラテン語からきており、意味は「前、先」ですからまちがえないで下さい。こんな語源の講釈はともかくとして、なぜこんなところに「反感」なんて妙な言葉があらわれたのでしょうか。全然、脈絡がありませんね。

　実は、アリスは、Antipodes というべきところをうっかり——というか、うろおぼえで、Antipathies といってしまったのです。Antipodes とは、これまたむずかしい言葉で、日本語では「対蹠地(たいせきち)」と申します。「蹠」の訓読みは——ご存じでしょうか——「アシウラ」ですね。またまた語源を説明しますと、pod- はギリシア語で「足」を意味する語根です。anti と合わせると、antipodes は、足と足が向かい合っていること。さっき説明した例のイメージになるでしょう——床の上に立っている人とその裏に下向きにぶら下っている人。Antipodes「対蹠地」とは、つまり「地球の裏側」のことで、アリスはそれをいおうとして、Antipathies の方が口に出てしまいました。たしかに発音が似ています。「アンティポディーズ」と「アンティパシーズ」（ついでながら、ある訳本で、せっかく antipodes のまちがいと注をつけながら、それに「アンティポーズ」とルビをふったのは、とんだミソをつけたものです。「アンティポーズ」ではあまり似なくなってしまうではありませんか）。

　なるほど、妙なせりふのわけはこれでわかっても、日本語ではいったいなんといえばいいのか。これは大問題

です。antipathies をそのまま「反感」とするのは、まったくナンセンス。「対蹠地」というべきところを「反感」とまちがえる人がどこにいるでしょう。つまり、ここでは、antipathy の語義には関係なく、「対蹠地」と音が似ている言葉をあてればいいことになります。もちろん、antipathy の語義「反感」と意味まで共通点を持つ言葉があればそれに越したことはないのですが、絶対に必要な条件ではありません。翻訳者はいろいろ苦心しておいでです。「対照人」「対情地」「対情地人」「大将人」……。しかし、こんなありもしない言葉にまちがえるのは、それこそありもしないことと思われます。「タイセキチ」という音に似ていることだけがポイントですから、たとえば「タイショクキン」（退職金）でもかまわないどころか、その方がおもしろいのではないでしょうか。

　ここで、『アリス』の言葉遊び（wordplay）について一言触れておかなければなりません。『アリス』は子供向きに書かれたものですから、英語自体はやさしくて、高校上級ぐらいの力があれば十分読めますが、問題はしゃれや語呂合わせ、もじりなどの言葉遊びで、それを読みとるのは並大ていのことではありません。注釈がないととてもむりだと思います。しかも『アリス』は、言葉遊びの宝庫といわれるくらいで、数えきれないほど出てきますから、原文で十分に味わうのはたいへんだということは覚悟しておいて下さい。理解し味わうだけならまだしも、それを日本語にするのはまさに至難のわざ。音だけまねしてすむなら簡単ですが、意味も通っていなければ

だめなことが普通ですから、翻訳者諸氏の苦労は察するにあまりあります。Antipathies は言葉遊びの第一号で、このあと出てくるたびに解説はしますが、訳は必ずしもうまくいかないかもしれません。その点はあしからずご了承下さい。

条件を省略した仮定法

「タイショクキンていうんでしたっけ」とひとりごとをいいながら、なんだかおかしいので、"I shall have to ask them what the name of the country."（「その国の名前はなんていうのか、人に聞かなくちゃね」）と考え直します。そして、あらためて一人芝居を始めるのです。「あの、おばさま、ここはニュージーランドでしょうか、それともオーストラリアでしょうか」。おまけにそういいながら、おじぎまでしようとします。「おじぎ」といいましたが、原文は curtsey です。映画やテレビで見たことがあるでしょう。女性が左の足を引いて右膝をちょっと曲げる、あのおじぎですね。小さい女の子がやると、とてもかわいいものです。けれども、空中を落ちながらそんな器用なことは、普通ならまずできはしないので、著者のキャロルも、こうつけ加えます。

— fancy, *curtseying* as you're falling through the air !

fancy はもともと fantasy をちぢめた言葉。従って、本

来は名詞なのですが、形容詞としても動詞としても使われるようになりました。形容詞としては、ファンタジーがそうであるごとく、普通とはちがっている（not plain）というのが基本的な意味で、場合によって、あるいは「きれいに飾った」、あるいは「とっぴょうしもない、気まぐれな」、あるいは、特にアメリカで缶詰食品などについて使われれば、「特選」がそれにあたることになります。動詞としては、いうまでもなく、「想像する」「空想する」ですが、さてここでは品詞はいったいなんでしょうか？　もちろん、動詞。そして動詞ならば、主語がありませんから、命令形です。you、つまり読者であるあなたがたに向かって「想像しなさい」「思い浮かべよ」と命令しているわけですが、単に「考えよ」ではなくて、これには「驚き」のニュアンスがあります。ですから、こういう場合日本語では、どの訳本にもあるように「想像してごらんなさい」「考えてみてください」とは、必ずしもする必要はありません。

　　——ねえ、驚くじゃありませんか。空中を落っこちながらおじぎをするなんて！

でも結構。そのあとに Do you think you could manage it?（みなさん、そんなことできると思いますか）とあるから、よけいそうです。と、書いて今気がつきました。なぜこんなところに could などと過去の形が出てくるのでしょう。別に昔の話をしているわけではありません。実

はこれも前に説明した仮定法なのです。条件を省略した帰結だけの形。つまり「かりにやるとしたら」という条件を頭の中で補えば、よくわかると思います。

同じような表現が、すぐあとにも出てきます。まだ、どんどんどんどん下へ落ちて行き、相変わらず何もすることがなくて、アリスはまたひとりごとをいいはじめます。

"Dinah'll miss me very much tonight, I should think !"

まず miss は、習ったと思いますが、「……ないのを寂しく思う」。Dinah はアリスが飼っているネコの名前ですが、I *should* think ! とはまたなぜでしょう？ should はいろいろな状況で使われる言葉で、たしかに厄介なものにはちがいありません。よく出てくるのは「……ねばならない；べきである」で、You should not speak in the class.（授業中にしゃべってはいけない）、Why should I do such a thing ?（なぜ私がそんなことをしなけりゃならないのか？）などがそれですが、ここはまさか「私は考えるべきだ」ではありません。これもまた条件を省略した帰結で、「私なら」という条件が言外に含まれていると考えればいいと思います。訳でそれをはっきり出す必要はありません。断定を避けた、控え目ないい方になるわけで、仮定法の非常によく使われる用法の一つです。

Do cats eat bats? Do bats eat cats?

　さてダイナのことからいろいろ連想がとんで、「ダイナがここにいたらいいな」とか、「でもネズミがここにはいないな」とか、「でもコウモリはネズミに似ているから、コウモリをとればいい」とか、考えているうちに眠くなってきますが、口では

　　Do cats eat bats？（ネコはコウモリ食べるかな？）

と半分うとうとしながら言いつづけています。そして時々

　　Do bats eat cats？（コウモリはネコを食べるかな？）

とまちがえたりします。さあ、これも言葉遊びです。みなさん、Do cats eat bats？　とつづけて何度もいってみれば、そのおもしろさがいっそうよくわかるでしょうし、Do bats eat cats？　とうっかりいいまちがえるのもなるほどと納得されるでしょう。cats と bats の語尾が同じですね。こういうのを韻、正確には脚韻（rhyme）と呼びます。今、語尾が同じといいましたが、これも正確には、終わりの母音とそれにつづく子音が同じものが脚韻で、母音の前の子音まで同じでは、あまり同じすぎて（？）韻とは呼ばれません。ご存じでしょうが、韻は詩によく使われます。英語の定型詩は、meter（韻律）と rhyme を要素とするといっていいでしょう。meter は説明すると

長くなるので、アクセントの強弱の組合せによって作られるとだけここではいっておきますが、要するに、詩のリズムを形作るものです。rhyme の方は音のおもしろさ、美しさに関係します。

日本語の脚韻

　ここでもまた、ひるがえって日本語のことを考えてみましょう。日本語の詩――たとえば、その代表的なものとして短歌には、meter と rhyme に相当するものがあるのかどうか？　あるとすれば、それは何か？　英語の meter はアクセントの強弱の組合せでこしらえるもので、日本語のアクセントは強弱ではなく高低ですから、英語の meter と同じものはもちろんありません。しかし、meter をリズムを構成するものと広く考えれば、日本語にもあります。短歌の五七五七七という字数構成がそれで、くわしい説明は避けますが、実はこの数は4拍子のリズムを作っています（拙著『日本語のリズム』講談社現代新書参照）。

　では韻はどうでしょう？　ありませんね。なぜだか考えたことはありますか。日本語の単語は、「ん」で終わるものは別としてローマ字書きすれば全部母音で終わりますから、母音＋子音が同じという英語の韻の規則にはあてはまりません。しかし、たとえばイタリア語はほとんどの単語が母音で終わり、母音＋子音＋母音の形で韻が作られますから、日本語もそれと同じくふうがされてもちっともおかしくはないはずです。ところが、現実には

それもない。不思議な話です。これは、こんなふうに考えたらどんなものでしょう。日本語は同じ形で終わる言葉が多すぎるのです。動詞でいえば、現在形なら、「見る」「知る」「切る」「散る」、過去形なら、「待った」「勝った」「とがった」「まちがった」。形容詞は「美しい」「バカバカしい」「くやしい」「苦しい」。それが過去になれば「暗かった」「明るかった」「つまらなかった」。名詞でも「山」「浜」「鎌」「釜」「頭」「弾丸」「玉」「こだま」、といった調子で、いつも同じような形で終わっているので、韻のつもりで同じ音を重ねても、ふだんとちっとも変わらないことになってしまいます。ふだんとちがう効果、おもしろさが出るからこそ韻を使うのに、その効果がまるっきりないのでは、韻を使う意味がありません。それが、日本語に韻がない理由ではないでしょうか。逆にいうと、音のおもしろい効果を出すためには、いわゆる韻よりもずっと極端なくふうをしなければなりません。たとえば、

　かっぱ　かっぱらった
　かっぱ　らっぱ　かっぱらった
　とってちってた
　かっぱ　なっぱ　かった
　かっぱ　なっぱ　いっぱ　かった
　かって　きって　くった

（谷川俊太郎）

Do cats eat bats？　にもどって——

　CATとBATは韻を踏んでいて、アリス、というか、作者のルイス・キャロルがそれで遊んでいるわけですが、ただそれをなるほど、なるほどと承っているだけではつまりませんから、みなさんもこれと同じ韻を踏む単語をさがして遊んでみたらどうでしょう。-ATの前にどんな子音が入れられるかです。アルファベットを順にあてはめれば、FAT, HAT, MAT, PAT, RAT, SAT, VATが普通使われる単語としてさっそく浮かんできます。これだけでしょうか？　いや、まだまだありますよ。長い単語は今考えないことにして、一音節の単語でも、二重子音で始まるものがありますから、考えて下さい（答は次ページ下）。

　注意しないといけないのは、WHAT, SQUATなどです。見た目には-ATの韻を踏んでいるようですが、BAT, CATとはAの発音がちがいます。この種のものはeye rhymeつまり見た目だけの韻、視覚韻と呼ばれます。そういえば

　DO CATS
　　　EAT
　　　BATS？

と並べてみると、ますますおもしろいじゃありませんか。EATもまったく発音がちがいますが、同じように-ATで終わっていますね。

056

豊富な擬態語を活かした訳し方

　いろいろおしゃべりをしているうちに、ずいぶんページ数が進みました。アリスもひとりでおしゃべりをしているうちにどんどん下へ進んで、ようやく底に着きました。

　… thump! thump! down she came upon a heap of sticks and dry leaves, and the fall was over.

　thumpは、日本語の「どしん」「ずしん」「ごつん」にあたる擬音語です。thump(サンプ)と「どしん」では、ずいぶんちがう音に聞えます。thumpならまだしも、マラガシュ(マダガスカル)の原地語では「ミンゴドンゴドナ」と言うそうで、どうしてこんなにちがうのか不思議に思われるかもしれません。擬音、つまり物音、なき声などすべてそうです。にわとりは、日本語では「コケコッコー」なのに、英語では「コッカドゥードゥルドゥー」、ドイツ語、フランス語では「キケリキ」という具合。しかし、これは別に民族によって耳の構造がちがっているわけではありません。にわとりの声を録音して聞かせれば、どの民族でもそれはにわとりだとわかる。日本のにわとり

　CHAT, FLAT, SPAT, THAT はごくふつう。
　GNAT, SCAT, SLAT もときどき出てきます。
　そのほかにもありますが知らなくてもいいでしょう。

は「コケコッコー」と鳴くから、外国人にはにわとりとはわからない、ということは、当然ながらありません。ただ、その音をまねするとなれば、にわとりは人間と発声の仕組みがちがい、器官の構造がちがいますから、しょせん同じ音にはできません。しかも、擬音というのも、結局は約束ごとにすぎないのです。にわとりの鳴声は「コケコッコー」だと小さいときから教えられているからこそ「コケコッコー」なのであって、はじめてその声を聞かされて、言葉で書きあらわせといわれたら、10人が10人みなちがうと思います。

　それはそうと、擬音語は日本語の大きな特徴の一つといっていいでしょう。擬音のみならず、擬態語から擬情語まであって、その多彩なこと驚くばかり。もちろん、英語にもないわけではありません。しかし、『和英擬音語・擬態語翻訳辞典』（金星堂）を見ますと、英語の擬音語（オノマトピア）としてあげられているのはせいぜい400であるのに対し、その辞典に収録されている日本語の擬音・擬態・擬情語は二千数百にのぼります。問題は数のちがいだけではありません。使われる頻度の差があります。英語のオノマトピアは、400あるといっても、ただあるだけで、それほど使われるものではありません。いや、普通の固い本ではめったに出くわさないといってもいいでしょう。たとえばこの『アリス』のような子供向けの本に、たまに出てくるといった程度です。それにひきかえ日本語のオノマトピアは、実によく使われます。たとえば、おとな向けの、まじめな、固い報道記事やエ

ッセー、評論のたぐいに「ずしりと重い」「ずしんという地響きとともに」と書いても少しもおかしくありません。

　英語のオノマトピアはなくてもすみます。しかし、日本語は、オノマトピアがないと、十分な機能が発揮できません。たしかに、あまりたくさん使いすぎるのは子供っぽくて、ぼく自身中学時代に作文の批評でそういわれたことがあるのですが、オノマトピアが少なすぎる文章は、どこかぎすぎすしてうるおいがないのみならず（たとえば、ここで「ぎすぎす」と書いたのは、それなりの役を果たしていると思います）、オノマトピアを使うなといわれたら、とたんに表現のしようがなくなることがよくあります。日本語はものの名前は非常に豊富で、動植物の名前などこまかく区別して、しかも誰でもそれを心得ていることに外国人はびっくりしますが、動詞・形容詞の語彙ははなはだ乏しいようです。

　歩行をあらわす動詞を例にとってみましょう。日本語には「歩く」しかありません（「歩む」は文語的な文脈で出てくる言葉で、普通には使えませんから、勘定に入れないことにします）。英語はどうでしょうか。walk は誰でも知っているでしょうが、その他思いつく限り並べてみると、

　walk, step, tramp, dodder, totter, bustle, trudge, hike, plod, tread, trot, loiter, pace, pad, stride, shuffle, stagger, shamble, toddle, waddle, wallop, lollop, struggle, falter, strut, lumber, stroll, swagger, stomp

など30近くになります。では、これほど多い英語の「歩く」を日本語に直すのにどうすればいいか。そのときに威力を発揮するのが擬音語・擬態語です。「歩く」とあわせてよく使われるものを、同じように並べてみると、

　すたすた、てくてく、とことこ、とぼとぼ、のっしのっし、どたどた、どすどす、どしんどしん、どさどさ、ばたばた、ぱたぱた、ひょこひょこ、ひょろひょろ、よろよろ、よたよた、よちよち、ぶらぶら、ぶらりぶらり、ふらふら、そろそろ、そろりそろり、のろのろ、のそのそ、のそりのそり、だらだら、でれでれ、ちょこちょこ、ちょろちょろ、ちょろりちょろり、ゆさゆさ、ゆらゆら、ゆらりゆらり

ほかにもヴァリエーションがあるでしょう。これだけあれば、少々の語彙不足は補ってあまりあります。
　さて、「ずしん」と落ちたところは小枝と枯葉の山。おかげでなんのけがもなく立ち上ると、目の前にまた長い道がつづいていて、例の白ウサギが相変わらず「おくれる、おくれる」とつぶやきながら走って行きます。あとを追いかけましたが、姿を見失い、気がついてみると、細長い天井の低いホールの中にいたのです。第二の場面、いよいよ「不思議の国」のはじまりです。

3　不思議の国へ入ると……

There were doors all round the hall, but they were all locked; and when Alice had been all the way down one side and up the other, trying every door, she walked sadly down the middle, wondering how she was ever to get out again.

Suddenly she came upon a little three-legged table, all made of solid glass: there was nothing on it but a tiny golden key, and Alice's first idea was that this might belong to one of the doors of the hall; but, alas! either the locks were too large, or the key was too small, but at any rate it would not open any of them. However, on the second time round, she came upon a low curtain she had not noticed before, and behind it was a little door about fifteen inches high: she tried the little golden key in the lock, and to her great delight it fitted! (29〜30)

どうですか。読んでみて、多少ひっかかるところはあるかもしれませんが、まるっきりわからないというようなところはないでしょう。だいたいすんなり頭に入っていくと思います。ともあれ、全体を日本語に直すと——

玄関ホールにはあちこちにドアがついていましたが、みんなかぎがかかっています。アリスは、まずこっち側、次にそっち側と、ホールをずうっと歩きながら、ドアを一つ一つ全部ためしてみたあげく、悲しくなってとぼとぼまん中を向うへ歩いて行きました。あーあ、どうすれば外へ出られるのかしら。
　と、突然、小さな三本脚のテーブルにぶつかりました。何から何まで全部ガラスでできたテーブルで、その上にちっちゃな金のかぎがたった一つ、ぽつんと置いてあるのです。アリスはすかさず考えました。ひょっとすると、ホールのドアのどれかに合うかぎかもしれないわ。ところが、かぎ穴が大きすぎるのか、かぎが小さすぎるのか、とにかく、このかぎではどのドアもあきません。けれども、もう一度回ってみると、さっきは気がつかなかったのに、低いカーテンがかかっているところがあって、そのかげに高さ40センチたらずの小さなドアが見つかりました。ためしに小さな金のかぎをさしこんでみると、あら、うれしや！　ぴったり合いました。

hall 訳すのもラクじゃない

　原文にない言葉が入っていたり、逆に、原文にある言葉が削ってあったり、時制や法がちがったり、不思議に思われるかもしれませんが、翻訳とは一字一句をなぞる

ものではなく、原文に書かれている情景があざやかに浮かび、雰囲気や情感がはっきりと伝わることが大切です。そして、原文がりっぱな英語で書かれた文学であるように、翻訳もきちんとした日本語で書かれ、文学として通るものでなければなりません。さもないと、原作者に申しわけがたたないでしょう。

しかし、なぜこんな訳文が出てくるのか、そのわけは説明する必要があります。翻訳は、やみくもに、というか、勝手に創作していいものではありません。一字一句をなぞらない、とはいっても、一字一句をおろそかにしていいのではなく、すべてきちんと理解した上で書かなければなりません。

まず hall というのが出てきますが、日本語で「ホール」といえば、「コンサート・ホール」のような大きな会場とか建物とか、非常に広い部屋をまず思い浮かべます。それしか浮かばないかもしれません。たしかに、もとはそうなのです。中世もはじめのころは、家といっても、大部屋 (hall) が一つあるきりで、そこが居間にも食堂にも寝室にも使われたようです。イギリスの大学では hall といえばすなわち dining hall をさすことも、それで納得されますし、また別の見方からすれば、昔は家自体が hall だったわけで、貴族やジェントルマン (郷紳) の「屋敷」は今でも hall と呼ばれます。

もう一つついでに、hall の語源の話をしますと、これはもともとラテン語の celare (隠す) からきた言葉で、hole (穴)、hull (豆のさや)、hell (地獄) などもすべてそ

のようです。「ホール」と「地獄」がもともと同じとは、ちょっと妙な気がします。そういえば、celareからは、英語のcell（独房、細胞）、cellar（穴蔵、地下室）という言葉も生まれていて、「ホール」と「地下室」もまた同じということになります。

　さて、はじめはhall一つだけだった中世の家も、時代がくだるにつれて、家族や来客に便利なように、さらに寝室その他専用の部屋がつけられました。そして、本来家の中心であったhallよりは、各種専用の部屋の方が大切にされ、ヴィクトリア時代（つまり、『アリス』が書かれたころ）には、とうとう家の中の個々の部屋に通じる廊下みたいなところを指すようになってしまいました。いったい日本語ではなんといえばいいのか——映画やテレビでよく見るでしょう、玄関のドアをあけて外から家の中へはいると、帽子やコートを掛ける、廊下をちょっと広くしたようなスペースがある、あれですね。日本の家でも、洋風なら、玄関で靴をぬいであがったところに、そういう部屋ともいえない場所があります。これも「玄関」の一部かもしれませんが、「玄関」はむしろ靴をぬぐところのような気がしますし、「玄関の間」か「玄関ホール」か、「入口ホール」かあるいは単に「ホール」でもいいか。困ります。英和辞書をひくと、

　（住宅の）玄関、ロビー、玄関の広間

とありましたが、どんなものですかね。ついでに、英英

の辞書にはなんと説明されているか調べてみましょう。
　Concise Oxford Dictionary（*COD*）には、いろいろ語義があげられている終わりの方に、

entrance-passage of house

とあります。
　The New Collins Concise English Dictionary には、いちばん最初に、

a room serving as an entry area

と出ています（この辞書は、使用頻度の高い順に語義を並べているようです）。
　そのほか、*Longman Dictionary of Contemporary English*（*LDOCE*）は、

the passage just inside the entrance of a house, from which the rooms open

Webster's Ninth New Collegiate Dictionary（*WCD*）は、

the entrance room of a building

研究社『新英英辞典』は、

英英辞書について

　少なくとも大学生ぐらいになったら、つとめて英英の辞書をひくようにしましょう。初学者は、単語をまだわずかしか知りませんから、英英辞書の説明がわからなくて、それを理解するために、また辞書をひかなければならなくなりますが、大学生ならもう必要最低限の語彙は持っているはずですから、大丈夫です。英和の辞書は、英語を日本語におきかえるのには、非常に手っとり早く、便利なので、学校の英語（訳読）にはどうしてもそれを使うことになってしまいます。しかし、英語の単語と日本語の単語は、意味や用法がぴったり重なることはなく、必ずどこかずれた部分があるものなのです。そのずれを意識していればいいですが、英語と日本語が100パーセント一致していると思いこんで、訳語を使っていると、とんでもないあやまちをおかすことにもなりかねません。また、英和の辞書は、文脈に即した適切な訳語をいつも載せているとは限りません。英英の辞書がいいというのは、そのためです。英和の辞書ではピンとこなくても、英英の説明を見ると、ああなるほどと思う。概念がはっきりつかめる、ここの hall のように。それを日本語にするにはまた頭をひねらなければなりませんが、まずどういうものかわかることが先ですし、また英文和訳の授業でなければ、日本語でなんといっていいかわからなくても、内容さえ理解できれば、それでもいいではないですか。たしかに、英英をひくのはおっくうといえばおっくうですが、せめて英和ではもう一つはっきりしない時ぐらいは、英英で調べるようにしましょう。

　で、英英の辞書は何を使えばいいか、ですが——大きな専門家が使うものは、ここで紹介してもはじまりません。本文中にあげた五つは全部大学生用です（ほかにもまだいろいろあります）。それぞれ特色があって、どれが最上とは言いきれません。要は使いこなすことです。

a passage or room at the entrance of a building or house

となっています。

　ところで、アリスが入っていたのは、まさしく a passage or room at the entrance of a house, from which the rooms open という意味の hall で、これをほとんどの翻訳書が「広間」としているのは、ずいぶんイメージがちがうのではないでしょうか。「細長くて、天井が低く、天井からさがった一列のランプに照らされている」——つまり、廊下を大きくしたようなものと思えばよさそうです。「広間には、まわりじゅうに戸がついていました」「広間には四方に扉がありました」——これもだいぶイメージがちがいます。たしかに、all round the hall とは書かれていますが、必ずしも「まわりじゅう」「四方」といわなければならないものではありません。

There are service stations all round the city.
町のあちこちにガソリンスタンドがある。

という例文が辞書に出ていました。
　むしろ、具体的なイメージとしては、細長い部屋の両側にドアがいくつもついている情景を想像すればいい。だからこそ、その次に

... all the way down one side and up the other

となっているわけです。one side と the other（side）は、いうまでもなく、「一方の側」と「その反対の側」で、まわりじゅうにドアがあるなら、どこが一方の側でどこがその反対の側かわかりません。

　down, up はなんでしょう。このホールは傾斜しているんでしょうか。ちがいます。別に上り下りはなくても、down, up を使うことがよくあります。日本語にも「上り列車、下り列車」「東上、西下」「上京」「参上」「下町」というような表現があるのと同じです。英和の辞書には

　　平坦な場所について、walk, run, pass などの無色の動詞と共に用いる場合や動詞とは関係なく使われる場合は、手前の方向には down、遠方へは up が用いられる。

と書いてありますが、これはよくありません。このアリスの場合にあてはめるとへんなことになります。ためしに *WCD* を開いてみると、

　　down　to or toward a point away from the speaker

これではっきりわかりますね。down は「向こうへ行く」、up は「もどってくる」ことになります。

　all the way は、文字通りに「その道の全部」で、「はるばる」とか「ずっと」とか、あるいは「端から端まで」

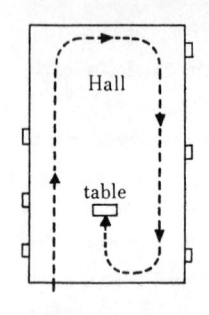

といってもいいでしょう。

アリスはホールの片側のドアを向こうの端まで全部調べてみましたがどれもあきません。次に反対側をこっちの端までずうっと調べたのですが、やっぱりだめです。そこで、

　　　　... she walked sadly down the middle,

今度はどこを歩いたのでしょう？　middle——まん中、つまり廊下の両側（端）ではなくまん中ですね。どっちへ？　down——向こうへ（左上図）。このへんがいい加減な翻訳が多いようで、手元にあるのは全部まちがえています。

・すごすごとホールの真んなかへ引き返して来ました。
・悲しげに、へやのまんなかにもどってきました。
・とぼとぼと部屋のまん中へ歩いてゆきました。
・悲しげに真ん中まで歩いてくると……

みな middle を center ととっていますがそうではありません。どうだっていいといえばいいようなもので、話の進行には大して影響はありませんが、少なくとも作者が頭に描いているアリスの動作が、そのままこの訳者たち

の頭に再現されていないことはたしかです。そして、何度でもくりかえしていいますが、正確に読みとる訓練は、どんな場合にも必要だと思います。

ここで分詞構文の復習を

　ここで一つ文法の復習をしておきます。

> ... when Alice had been all the way down one side and up the other, *trying* every door, she walked sadly down the middle, *wondering* how she was ever to get out again.

この -ing はもちろん分詞で、分詞構文と呼ばれるものですね。分詞構文は、時、理由、条件、譲歩などをあらわす接続詞を使って、節に書き換えられることが多いのですが、この場合はどうでしょうか。trying も wondering も、主語を修飾する形容詞としての働きが強く、書き換えは不可能ではないにしても、かえって感じが変わってまずいようです。日本語では「……ながら」とか「そして……」とか、それなりに表現すればいいと思います。
　ふりかえって、アリスの気持を考えてみましょう。落下の途中は、ひまでひまでいろいろなことを考えていたのはたしかですが、とにかく、不思議なウサギを見つけて無我夢中で穴にとびこみ、ここまでやってきたのでした。「ずしん」と底に着いたとたん、気になったのは、やはりウサギのことで、それいたっ！とばかりにあとを追

いかけたのに見失ってしまった。そのあげく、気がついてみると、へんなホールの中にいる。ドアがたくさんあるから、ウサギはそのうちのどれかから別の部屋に入ったにちがいないと思ったのに、全部かぎがかかっている。がっかりです。せっかくここまで来たのに……。

「どうやって穴から出ればいいか、まるっきり考えもしないで」とびこんだことが、今さらのようにくやまれてきます。Antipodes までつき抜けたと思うくらい長い間落っこったんだから、そこを反対に登って行くなんてとてもできない相談だし、ああどうしよう、どうしよう、もうダイナにも会えないかもしれない——そうも思ったでしょう。

　… wondering how she was ever to get out again.

この wonder は前にも出てきました。あとの疑問詞と結びついて「……かしら」です。was to get out は例の be to... というイディオムで、すでに解説ずみ。ここでは「可能」と見ればいいと思います。

思いもかけず、ぱったりと

　落胆と後悔で心は重いのですが、ここでベソをかくようなアリスではないでしょう。何か方法はないものかと一所懸命考えます。ちょっとうつむき加減に、右手の人さし指をほっぺたにあてて——そこまでは書いてありませんが、そういうしぐさが目に浮かびませんか——ゆっ

くり、ゆっくり足を運んでいると、

　　Suddenly she came upon a little three-legged table, all made of solid glass :

come upon は、「思いもかけず、ぱったり出くわす、(あるいは) 見つける」といった感じ。たしかに、思いがけなかったのです。はじめはそんなテーブルに気がつかなかったのではありません。細長い玄関ホールの両側のドアをたしかめながら一度往復しているわけで、テーブルがおいてあればかならずわかるはずです。はじめはなかった。それが突然あらわれた。うつむいて歩いていたから、ポンとぶつかったかもしれません。「あれっ」という表情。このあとの事件は「あれっ」の連続です。

　solid glass とはなんでしょうか。「かたいガラス」などといわないこと (そういっている翻訳もありますが)。ガラスはかたいにきまっていて、やわらかいガラスなんてありません。全部ガラスだけで、ほかのものがなにもはいっていないことです。solid gold なら「金むく」。gold ならぬ glass、つまり「むくのガラス」ではありがたみがうすくて、おかしいですが、わざとおかしさをねらったのでしょう。

　　... there was nothing on it but a tiny golden key,

この but は except ですね。but はいろいろな使い方が

3　不思議の国へ入ると……　073

ありますから、十分気をつけて下さい。そして、

... this (key) might belong to one of the doors...

この belong はおわかりと思いますが、「誰かのもの」「何かの一部」から、さらに「……に合う」「……にぴったり」「あるべきところにある」というふうに意味がひろがっていきます。might は、みなさん苦手の助動詞かもしれませんが、これは簡単で、may が過去で might になっただけのことです。

せっかくかぎが見つかったのに、残念ながらどのドアにも合いません。落胆から期待へ、そしてまた落胆へと、何度もあがったりさがったりするのが、特にこういう子供向きの物語の特徴でしょうか。読者はアリスとともに一喜一憂するわけです。そして、もちろん、落胆で終わることはなくて、必ず状況はいい方に向かいます。

... she came upon a low curtain she had not noticed before, and behind it was a little door about fifteen inches high:

またまた came upon「ぱったり」です。「前には気がつかなかった」と書いてありますが、それはアリスがそう思っているだけで、最初はなかったにきまっています。「あれっ、おかしいなあ」と首をひねるより早く、ともかくもやってみようとかぎをつっこんだら、「あいた！　あ

あよかった」、読者もほっと一息です。

you で読者をひきこむ

　しかし、喜ぶのはまだ早い。なにしろ高さ 40 センチもないドアのこと、あいた向こうはネズミの穴ほどの小さな通路です。

> ... she knelt down and looked along the passage into the loveliest garden you ever saw.
> しゃがんでのぞいてみると、通路の向こうは、見たこともないようなきれいな庭でした。

最上級ですね。もちろん、garden のあとに that が省略されています。なぜこんなところに you が出てくるのか不思議に思われるかもしれません。she had ever seen でもかまわないのですが、それではアリスをまったく客観的に外から描写することになります。you は読者のみなさんをさしていて、この現場に読者をひきこむような効果があります。「あなたがただって今まで見たこともないような」という調子。

　中には花壇あり噴水ありで、アリスはもう行きたくて行きたくてしようがありません。けれどもこんな小さな穴では……またまた彼女は難題にぶつかりました。期待と落胆の大波小波です。

> ... she could not even get her head through the

doorway; "and even if my head *would* go through," thought poor Alice, "it would be of very little use without my shoulders. Oh, how I wish I could shut up like a telescope! I think I could, if I only knew how to begin."

もう一度仮定法を

仮定法がいろいろ出てきました。前にまとめて説明しておいたから、もう大丈夫だと思いますが、まず、

… even if my head *would* go through, it would be of very little use without my shoulders.

これは仮定法未来です。強い仮定、つまり、「万が一にも……するようなことがあれば」という内容をあらわす仮定法未来は、条件節に should を使う、と前に書きました。こんなふうに would になっていると、主語（my head）が意志あるいは能力を持っているような感じになります。would がイタリックになっているのは、そこにことさらにアクセントがおかれているしるしで、ますますその感じが強くなります。「頭がうまく出てくれたって」といったところでしょうか。

そしてその結論、it would be of very little use without my shoulders の it は、my head と解釈するのが、形にもかなっているし、ユーモラスでもあると思います。どの翻訳を見ても、「肩が出なかったらどうしようもな

い」「肩が出なけりゃ、せっかくの努力もかたなし」「肩が抜けないんじゃ、なんにもならない」となっていますが、文法的に正しいとは思えないのみならず、せりふの内容がまるっきり平板でおもしろくありません。「肩が出なかったらどうしようもない」——つまり、頭だけ出てもだめだ、というのなら、肩が出てもやっぱりだめ、どうしようもないでしょう。頭と肩がこの小さなドアを抜けられたところで、からだの自由はききません。これはそんなまじめなせりふではないと思います。冗談です。肩というのは、重荷だの責任だのをがっしりと受けとめるところ。これは日本語でも同じで「……は〜の双肩にかかっている」というような表現がありますね。肩がしっかりしていなければ重荷が支えられない。そして肉体的にも、肩が頭を支えているわけです。肩が頭の台です。肩がしっかりしていればこそ、頭はきちんと坐っていられる。肩がなければ、頭は台のない卵みたいなもので、どこへどう転がるかわからない。もちろん、現実にはそんなことはありませんが、冗談として、空想として、そう考えるのはいかにもおもしろいじゃありませんか。それに head and shoulders とこの二つを一つにまとめた熟語もよく使われます。意味は「頭抜けて」。ここはどうしても

My head will be of very little use without my shoulders.

と考えたいところです。そんなバカな、とおっしゃるなら、そのあとの

　…I wish I could shut up like a telescope! I think I could…

だって、やっぱりそんなバカな、になってしまう。人間が望遠鏡みたいにたためるわけはありませんから。そして、頭も肩がなければ使いものにならない、というせりふのおかしみに目をつければ、ここをこんなふうに訳すこともできるのではないでしょうか。

　頭だけ通ってくれても、肩のない頭なんてそれこそかたなしですもの。

原文にはこんなだじゃれが書かれているわけではありません。しかし、そういった遊びの精神はあるはずですし、翻訳が字づらより精神を重んずべきものであるならば、これは許されるどころか、むしろ推賞していいことではないでしょうか。また、だじゃれその他言葉遊びのたぐいは、前にも述べたとおり、そのままの形で翻訳することは、不可能に近く、形を変えるとか場所をずらすとかしないわけにはいきません。本来あったところにはなく、なかったところにある、ということにしばしばなります。要は精神、別の言葉でいえば、雰囲気、ムードではないでしょうか。

仮定法の話にもどって——

I wish I could shut up...

これも wish にともなう仮定法過去の形、つまり現実に反する願望をあらわすことは、前に触れておきました。現実には shut up できない、だから could を使うわけです。shut up は、口語では「黙らせる」の意味があり、"Shut up！"（「うるせえ」「黙れ」）というせりふが——それも「シャラップ」という品の悪いアメリカなまりで——多くの人の耳になじんでいます。しかしここは本来の意味、「しまいこむ」です。望遠鏡の筒が中へ入りこむように体が短くなることをいっています。

次の I think I could, if I only knew how to begin. も同じこと。「わかりさえすれば」で実際にはわかっていないから、knew を使います。ここで仮定法の日本語表現について、一言述べておきますと、いつでも「……なら」「……であったなら」の形にしなければならないものではありません。この文章でいえば、

きっとできるわ。問題ははじめをどうすればいいかってことだけよ。

の方が、アリスの気持がはっきり出るし、せりふが生きると思います。考えてみると、日本語はいつでもやたらに仮定の形を使うものではないようです。たとえば、

3 不思議の国へ入ると……　079

そんなことがわからなかったとしたら、ぼくはばかだった。

とは誰も言いますまい。むしろ、裏返しにして、

　ぼくだってばかじゃないから、それぐらいわかったさ。

という形にするのが普通でしょう。

ハイフンで単語化する法

　今、アリスの気持、といいました。アリスは決してくじけません。落胆のさなかに、いつも期待、希望を持つのです。そして、希望を持てば、きっとそれが実現する。ホールのドアがみなあかない。さあ、どうしよう、と悲しくなりながらも、心の底では、どこかにかぎがあるはずだ、と思いつづけていたのではないでしょうか。すると、そのとおりかぎがひょっこり現われる。せっかくかぎが見つかったのに、今度はそのかぎがどのドアのかぎ穴にも合わない。がっかりです。それでもやはり希望を失いません。どこかにきっとこのかぎの合うドアがあるはずだわ。すると、そのとおりドアがひょっこり現われる。今度は体です。これじゃ頭も通らない。でもきっとなんとかなる。I think I could...

　どうですか、この希望の強さ。自分の体をちぢめられると本気でアリスは思っています。それもそうでしょう。

今まで希望したことは全部かなえられたのですから。

> ... so many out-of-the-way things had happened lately that Alice had begun to think that very few things indeed were really impossible.

so... that 〜の構文、わかりますね。out-of-the-way は形容詞です。前に to be out of the way というのが出てきました。この out of the way は、ひっくるめて形容詞（句）と考えることができます。そして be 動詞のあとに叙述的 (predicative) に使われているわけですが、それを限定的、修飾的 (attributive) に、名詞にくっつけるためには、out-of-the-way とハイフンでつなげて、一つの単語であるような形にしないと、読みとれなくなってしまいます。そんなふうに、単語をいくつもつなげてできあがった単語は、たとえば、

> give-and-take〔名詞〕：対等条件の交換、ギヴアンドテイク
> go-as-you-please〔形容詞〕：勝手気ままな
> what-do-you-call-it〔名詞〕：あのなんとかいうもの

のように、辞書にもたくさん出ていますが、作者が勝手にこしらえることもよくあります。nonce-word（臨時語）と呼ばれるものです。ある小説で、

cards-on-the-table-brass-tacks-and-twenty-shillings-in-the-pound-treat-him-fair-or-mind-your-step

というおそろしく長い nonce-word にぶつかりました。

play one's cards on the table　手のうちをあかす
brass tacks　要点
pay twenty shillings in the pound　支払いをきれいにする
treat... fair　公正に扱う
mind one's steps　用心する

を全部つなげたもので、つまり、

「手の内公開、商談率直、ごまかし皆無、へたに扱うとあとがこわい」式の……

という意味になります。

大きくなる願望・小さくなる願望

Alice had begun to think...　「アリスは考えはじめた」では、日本語としておかしい、というより、ニュアンスが少しちがいます。「(だんだん)……という気になってきた」といえばいいでしょうか。very few things indeed were really impossible は否定が二重になっていますが、別にむずかしくはないはずです。

さて、このアリスの気持はやはりあたっていました。こうあってほしいと思うと、きっとそのとおりになるのです。ぼうっと待っていてもしようがない、ひょっとして体をちぢめる方法を書いた本でものっていないかと思って、例のガラスのテーブルのところにもどって行くと、本のかわりにびんがのっていました。そしてそれには、「私を飲んで！」と札がつけてあります。そう書いてあるからって、これさいわいといそいでとびつくようなアリスではなく、まず「毒薬」と書かれていないかどうか調べるところが、ずいぶん大胆で元気がいい反面、慎重で用心深いことのあらわれですが、ともかく大丈夫だろうと見きわめをつけて飲んでみたら──期待どおりにどんどん背がちぢみはじめました。
　実はこのあとアリスは、目まぐるしいほどたびたび小さくなったり大きくなったりするのですが、その前に一つ大事な話をしておきます。
　普通の人間よりずっと大きな人間、あるいは小さな人間になりたいという願いは、空を飛びたい、海の底へもぐりたい、普通とはちがう夢の世界へ行きたいという願いと同じく、子供たちのみならず、すべての人が抱いている願いでしょう。これもSFやアニメに始終出てきます。ゴジラやそのほか数知れないほどの怪獣は、すべてやたら図体が大きく強い。従って、怪獣を相手どるウルトラマンも大きく強くなければならないわけですが、それは、そんなふうに大きく強くありたいという子供たち（あるいはおとなたち）の願望のあらわれにほかなりませ

ん。しかし、考えてみると、今「大きく強く」と並べていったとおり、大きいというのは、たとえ正義の味方であるにせよ、ひたすら強いばかりで、ただその強さからもたらされる快感にだけ浸って、それ以外の感動があまりないのではないでしょうか。

　小さくなりたいという願望は、その点だいぶちがいます。もちろん、小さくても強いものはある。たとえば一寸法師とか、親指トムとか。これもただ強いのではなく、こんなに小さいのに強いというある種の感動があるでしょう。しかし、強くなくてもかまわない。小さくなりたいということには、別の意味があると思います。SF映画『ミクロの決死圏』は、体を小さくして人の体内に入り、病巣を治療するという筋でした。その微小な人間の目には、体内がどれほどの神秘に満ちていたことか。巨大な空洞あり、激流あり、断崖絶壁あり、この幾多の障害を乗りこえて進む小人科学者たちの活動は、まさに冒険行と呼ぶにふさわしく、最後に涙腺から涙とともに外界に出るユーモラスな結末まで、観客もこの科学者の身になって手に汗にぎるようなおもしろい作品でした。もちろん、映画はつくりものにすぎませんが、その中に流れている精神はほんものです。それは、小さくなることの驚き。感動といっていいような驚きです。

幻想の世界に入るには

　前に紹介した G. K. チェスタトンに「棒大なる針小」（*Tremendous Trifles*）というエッセーがあります（同名の随

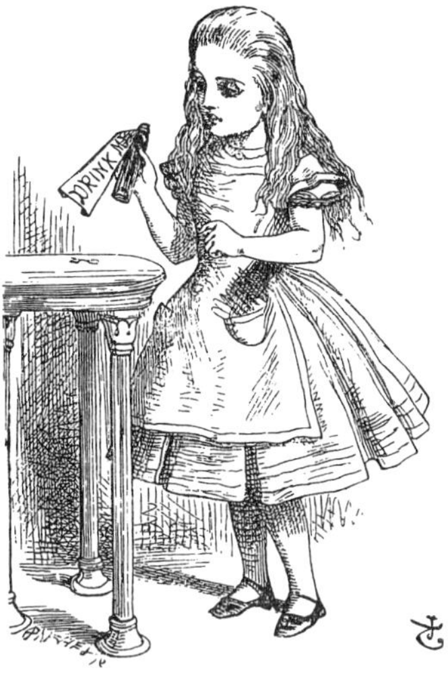
DRINK

筆集の最初の1篇)。むかしむかしあるところに二人の少年がいた——という書き出しです。さてその二人の少年、ポールとピーターという名前ですが、妖精に何でも望みをかなえてやろうといわれ、ポールはさっそく、自分は前々から巨人になりたかった、そうすれば大陸も海も一またぎだし、夕食後の散歩がてらナイアガラやヒマラヤを見物に行けるから、と申し出ます。とたんにポールの背はにょきにょきとのび、頭を雲の上に出して、のっしのっしとナイアガラとヒマラヤに出かけました。ところが、いざヒマラヤにきてみると、庭においてあったコルクの積木みたいに小さいし、ナイヤガラはと見れば、風呂場の水栓をひねったほどの大きさもありません。5、6分世界中を歩きまわったあげく、何もかもあまりちっぽけなのに嫌気がさし、バカバカしくなって大草原が四つも五つも並んだところにのびて眠ってしまっている間に、木こりに頭をちょん切られたというのです。

　ところでピーターのほうは、まったく逆で、前々から身の丈1センチほどの小人になりたかったといいました。たちまちそのとおりになって、彼は自分が広大な平原のまっただ中にいることに気づきました（実は庭の芝生）。丈なす緑のジャングルで、ところどころ間をおいて、変てこな木が立っています。象徴画の太陽のように、恐ろしく大きな銀の光線と金の芯のある頭を、それぞれ戴いている木。平原のまん中あたりには、不可思議な信じられないような形の山がそびえ、はるかかなたかすかな地平線上には、また別の森の輪郭が望まれて、それが永遠

の火に包まれたようなすさまじい赤い色を呈しています。ピーターは、この彩り豊かな平原横断の冒険旅行に出かけ、まだ目的地まで到達していない、ということです。

　このエッセーのしめくくりの言葉は、「世界は驚異の事物に飢えることなど決してない。ただ驚異の念に飢えるだけである」。いかがですか。小さくなることによって、私たちは新鮮な驚きを味わうことができるのです。アリスの場合は、多分状況はちがっていて、小さくなることによって驚きを味わうのとは逆に、驚くほど美しい園に入るためには、小さくならなければならないのですが、本質は変わらないと思います。大きいままでは入れない、小さいことが幻想の世界に入る条件、大きい人にはその資格がない——これは『不思議の国のアリス』の一つの重大なポイントと思われるので、最後まで忘れないで下さい。

-ing のいろいろ

　さて、薬を飲んだアリス——薬といっても桜んぼ入りパイとプリンとパイナップルと七面鳥のローストとタフィと焼きたてのバタートーストをいっしょにしたような味で、その一つ一つの味は子供にとってはこたえられないものかもしれませんが、みんないっしょにすると奇妙きてれつな味になりそうです。が、とにかく、それを飲んだらどんどん体がちぢんで、少し心配にもなってきました。

"... it might end, you know," said Alice to herself, "in my going out altogether, like a candle. I wonder what I should be like then?"

いきなり it と出てきますが、特定の物をさすわけではなく、だんだん小さくなっていく現在の状況をさします。might は例によって may を仮定法で弱めた形。end in は result in と同じで、「……に終わる」「終わりが……となる」です。

問題は my going out です。この章では -ing をなるべく多くとりあげて復習しようと思うのですが、この going の ing は何かときかれれば、もちろん動名詞 (gerund) と答えられるでしょう。my という所有形容詞がついていますから、名詞以外ではありえません。そして、この my のように、動名詞の意味上の主語をはっきり示したい場合は、ふつう所有格の名詞または代名詞を使います。昔はこういうのを動名詞構文という名前で教わった記憶があるのですが、今はどうでしょうか。ともあれ、分詞構文が、主語動詞をそなえた節を分詞を使って副詞句にしたものであるのに対し、動名詞構文は、動名詞を使って名詞句にしたものと考えればいいと思います。そして、動名詞のあらわす時は、主文と一致することもあれば、それより未来のこともあり、完了形動名詞 (having＋過去分詞の形) は、主文より前になります。たとえば、

I am sure of her succeeding.
＝I am sure that she will succeed.
She is proud of his having been educated in England.
＝She is proud that he was educated in England.

ところが意味上の主語が代名詞ではなく名詞の時には、所有格の 's を省略することがあり、特に無生物ならば 's をつけることはできません。まちがえやすいのはその構文です。

There was a good possibility of a snowstorm closing Rome's Airport.

これを、

ローマ空港近くで雪あらしの起こる可能性が高かった。

と誤訳した例がありました。正解はみなさん自分で考えて下さい。

　さてこの部分、my going out... は、今説明したように that I will go out... とひとしいことになりますが、go out はなんでしょう？　単純に「出て行く」「外出する」だなどと思わないように。out の状態になること、です。そして、in に対する out なら「内」に対する「外」ですが、英語の out は、「外」だけではなくいろいろな状態を示します。「離れている」「はずれている」「狂っている」

「なくなっている」など、そして、火や光の場合なら「消えている」。ここでは going out like a candle とありますから、当然、「ろうそくのように消えてしまう」という意味です。

次へ行きましょう。

　　After a while, finding that nothing more happened, she decided on going into the garden at once ;

また -ing が出てきました。最初の finding は分詞構文ですね。そしてこれは、前に出てきたのとはちがって、従属接続詞による書きかえがはっきり可能です。

finding that 〜＝as she found that 〜

she decided on going into the garden の going は動名詞。注意しなければいけないのは、decide という動詞のほうでしょう。決心や希望をあらわす動詞（wish, hope, decide, choose など）は、だいたい目的語として不定詞だけしかとらず、動名詞を直接つなげるわけにはいきません。

He decided to go abroad.（正）
He decided going abroad.（誤）

しかし、decide on という形にすると動名詞につなげることができます。

　She decided on going into the garden.
　＝She decided to go into the garden.

動詞には、目的語として不定詞だけをとるもの、動名詞だけをとるもの、いずれをもとるもの、いずれも可能だが意味が変わるものがあり、たいへん厄介ですが、頭から覚えるほかありません。

小さくなって泣き出したアリス
　アリスは、すぐにあの美しい庭へ入ろうと思って、ドアのところまで行ったとたん、ハッと気づきます。かぎを忘れた！　よくある漫画的情景ですね。ホテルで部屋の中へかぎをおいたままうっかりロックしてしまったり……これはフロントに言えば簡単にあけられますが、ぼくの息子は運転免許取りたてのころ、トランクをあけて物を出したときに、キーを中にひょいとおいて閉めてしまったものですから、修理工場から人を呼ぶ騒ぎになりました。
　アリスの場合、このうっかりはむりからぬところがあります。かぎをテーブルの上においたまま、薬を飲んで小さくなってしまったのです。
　小さくなるとはじめからわかっていれば、それなりの準備はするでしょうが、どうなるのか結果はわからない

のですから、そこまで気が回りません。飲んでみる、小さくなった、やれうれしや、それっ、と夢中で駆けて行って、ドアのところまできてはじめて、ああそうだかぎだ、と思い出したわけです。むりはない、といっても、漫画的なことには変わりありません。ちっちゃなアリスがあわてふためいてちょろちょろ走り回っている情景を思うと、ひとりでに笑いが洩れてきますね。

　しかし、アリスは必死です。せっかく小さくなれたのに、かぎがなければどうにもならない。もどってくると、かぎはちゃんとテーブルの上にのっています。なにしろむくのガラスですから、下からでもよく見えます。でも身長25センチでは、手の届きようがありません。一所懸命よじ登ろうとしますが、氷の山を登るようなもので、足がすべってだめ。くたびれ果てたアリスは、悲しいやらくやしいやら、坐りこんでとうとう泣き出してしまいました。

"Come, there's no use in crying like that!" said Alice to herself, rather sharply. "I advise you to leave off this minute!" She generally gave herself very good advice, (though she very seldom followed it), and sometimes she scolded herself so severely as to bring tears into her eyes; and once she remembered trying to box her own ears for having cheated herself in a game of croquet she was playing against herself, for this curious child was very fond of pretending to be two people. "But it's no use now," thought poor Alice, "to pretend to be two people! Why, there's hardly enough of me left to make *one* respectable person!" (32〜33)

「さあ、そんなに泣いたってしょうがないの。」アリスは、ちょっときつい声で自分に言い聞かせました。「いいこと。今すぐ泣くのをおやめなさい。」アリスは自分に向かってとてもいい忠告をすることがよくあるのです（ただし、それに従うことはめったにありません）。時には、あまり強く叱るので目に涙さえ浮かぶほどでした。今でもおぼえていますが、一度など、自分相手にクロケーのゲームをやっているときに、自分にインチキをしたといって、自分のほっぺたをぴしゃんとたたこうとしました。アリスときたらほんとにおかしな子で、一人二役をするのが大好きなのです。「だけど、今は一人二役なんかやっている場合じゃないの。こんなに小さくなって、もう一人ぶんの大きさもないんだから。」

少し解説をしておきます。
there is no use in 〜ing　　　動名詞を使った慣用表現

で「〜してもはじまらない、意味がない、役に立たない」。there is... という形からして、理屈の上からは in がなければならないわけですが、実際には there is no use 〜ing もなくはないようです。多分、同じ意味の it is no use 〜ing と混同されたのでしょう。ついでにいえば、この慣用句の 〜ing ももちろん動名詞で、意味上の主語。it は仮主語です。もう一つついでにいえば、仮主語の it に呼応するものは、to 不定詞のことが多いのはご存じのとおりですが、それなら it is no use to 〜 はないのか？ それもありますが動名詞のほうが普通。そして it is of no use... と of が入る場合もありますが、これまたないほうが普通。ずいぶんややこしいですが、要するに、there is no use in 〜ing と it is no use 〜ing を基本形としてしっかり頭へいれておけばいいということでしょう。

rather は、「むしろ」よりむしろ「ちょっと」がよい

　rather　簡単でしょっちゅう使われる言葉なのに、へんな日本語をあてる人がずいぶんいます。へんな日本語とは、「むしろ」と「どちらかといえば」です。「むしろ」は逆接の接続語で、その前に「……ではなくて」が意識され、「どちらかといえば」は、AかBか判断が下しにくいけれども、というように、頭の中で考えあぐねている感じです。たしかに rather は、そんな意味で使われることもよくあるのですが、ずっと軽い調子で使われる場合がはるかに多いことを忘れないで下さい。日本語で「ちょっと」というのにあたりますか。「ちょっと」もず

いぶんよく使われる言葉で、それがまたほんとに「ちょっと」のこともあれば、状況次第では実際は「かなり」を意味していることもあり、その点も rather に似ています。ためしに *LDOCE* をひいてみたら、最初に a little；slightly とありました。ついでに英和辞典もひいてみますと、(1)むしろ、(2)どちらかといえばで、なるほどこの訳語を使いたがる人が多いわけもわかろうというものです。

 leave off は to stop (doing something)。

 this minute　　minute は普通、時間の「分」ですが、"Just a moment." とも "Just a minute." ともいうように、minute＝moment でもあります。つまり、this minute＝this moment＝now ということになります。minute は、時間の単位なら「ミニット」と発音し、「微小な」という形容詞なら「マイニュート」と発音し、二つまったく別ものだとお思いかもしれませんが、実は同じものです。もともと「小さく分けた」というラテン語からきた言葉で（minus「マイナス」にも縁あり）、時間にそれをあてはめたのが「分」になったわけ。

 so... as to 〜　　おなじみの構文。

 she remembered trying 〜　　trying はいうまでもなく動名詞です。remember や forget は、普通の動詞とは多少ちがっていて、そのあとにくる動名詞が、それ以前のできごとをあらわします。主文より前のことならば完了形動名詞を使う、と先ほど書きましたが、remember (forget) にはそれがあてはまりません。

3　不思議の国へ入ると……　　095

I remember *seeing* him somewhere.
= I remember that I *saw* him somewhere.

です。それから、これは、目的語が動名詞であるか不定詞であるかによって意味が異なる部類に属する動詞です。動名詞ならば、今述べたとおり、すでにおこなわれたことをあらわし、不定詞ならばこれからすることをあらわします。

I remembered to post the letter.
私は忘れずに手紙をポストに入れました。
（私は手紙をポストに入れるのをおぼえていました。）

box　こういう文脈で出てくれば、まちがえることもないでしょうが、ごくおなじみの単語が別の意味を持っているときには、うっかりすることがよくあるものです。boxing は誰でも知らない人がいませんが、この動名詞のもとの動詞の意味——というより、これがもともと box という動詞から出た言葉であることは、多くの人が知らないと思います。box は、特に the ears をなぐることをいうようで box the ears がきまり文句のようになっていますが、日本語では「耳」にこだわることはないと思います。こちらは「横っつらをひっぱたく」というのが、むしろきまり文句になっています。ついでに——「ついでに」がずいぶん出てきますが、勉強や調べものは

「ついでに」というのがなかなか大事なことなのです——boxには「箱」ではなく、別の名詞があることをおぼえておいても悪くありません。「ツゲ」です。庭木によくある木の名前で、将棋の駒も上等のはツゲでつくります。ついでにもう一つ、英語の雑学として、よくお目にかかる単語で、別に木の名前も意味するものを教えてあげましょうか。ash。「灰」は誰でも知っていますが、「トネリコ」という木の名前でもあります。トネリコは、昔はスキー材によく使われました。boxもashも、木の名前として決してめずらしいものではなく、小説その他にたびたび出てきますから、そのときにまごついたり、まちがえたりしないように。

having cheated herself　たびたび説明した完了形動名詞が、はじめて本文中に出てきました。cheatは、ゴマカシ、インチキ、イカサマのたぐい。試験のカンニングもcheatです。なぜ試験場でのcheatingを日本語で「カンニング」というようになったのでしょうか。英語のcunningは、必ずしも悪い意味ばかりではありません。「ずるい」のほかに、特に古い用法では「巧みな」、またアメリカでは「かわいい」を意味することがあります。cunningは、もちろん形容詞ですが、このingはいったいなんでしょう。実はこれも現在分詞の語尾なのです。古い英語（古代英語）にcunnanという動詞がありました。それが現代英語のknowになったといえば、ははあなるほど、ですね。cunningが昔はいい意味だったわけもわかります。

ゲートボールの元祖、クロケー

croquet　cricket と形は似ていますが、まったく別もの。クリケットはイギリスの国技ともいわれるスポーツですが、クロケーはフランス伝来。従って発音もフランス風をそのまま残して、最後の t が黙音になります。そして、クリケットがベースボールの元祖であるのに対し、クロケーは近ごろはやりのゲートボールの元祖。

　　クリケット　──→ベースボール
　　クロケー　　──→ゲートボール

と並べて書くと、何やら語呂合わせ風になりますが、『アリス』にはこのあとクロケーのことがだいぶ出てきますから、参考のため次ページでざっとルールを説明しておきました。

pretending　これも、いうまでもなく動名詞です。ところで pretend は「……のふりをする」「……らしく装う」ですが、子供がこの言葉を使えば「……ごっこをする」「うそっこの……になる」です。Let's pretend to be policemen. は「うそっこのおまわりさんになろう」「おまわりさんごっこしよう」。本来は動詞の pretend が形容詞にも使われ、a pretend policeman は「うそっこのおまわりさん」です。ただし、ここで「二人ごっこ」というのはおかしいでしょう。そんな「ごっこ」は聞いたことがありません。

it's no use now... to pretend 〜　さっそく it's no use to 〜 の形が出てきました。

クロケー競技

　二人または四人で二手にわかれておこなうゲーム。木槌（mallet）で球（ball）を打ち、門（hoop, wicket）を順次くぐらせて、最後に杭（peg）にあてた方が勝ち。相手側の球にあててもよい（roquet）。そのときは、相手側の球をはじきとばす（croquet）か、さらにもう一度 play するかいずれかを選択できる。croquet は、自分の球を相手の球にくっつけておき、自分の球を足でおさえたまま mallet で打っておこなう。イギリスのクロケー協会の公式ルールによるグラウンドの大きさ、並びに hoop の配置は下図のとおり（アメリカは異なる）。

　ゲートボールも基本的に非常によく似ているが、1 チーム 5 ないし 7 名ずつのチーム競技であること、ゲートの数が三つしかないことが大きなちがい。

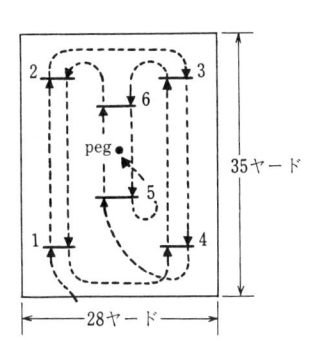

... there's hardly enough of me left to make one respectable person!　ちょっと複雑ですね。left は過去分詞形容詞で enough にかかります。「残された充分なもの」。それが hardly で否定されていますから、「充分なものが残っていない」といえばよろしい。何が充分？ me「私」です。この enough は名詞で、enough of 〜 は「〜の充分な量」ということになります。何に充分？ to make one respectable person「一人のちゃんとした人間を作るのに充分」。

respectable　ここでは enough in quality (*LDOCE*) です。「尊敬すべき」などという意味ではありません。この言葉はいつでもいい意味とは限らないことに注意して下さい。observing far too much external propriety つまり「外づらを大事にしすぎる」という説明が『研究社新英英』にはついています。

自分をわらえる精神

　さて、今読んだ「一人二役をするのが好きだ」ということ。前にもありましたね。穴を落ちてくる途中でしきりにやっていました。そして、涙が出るほど悲しいこの最中に、「二役だなんて。もう一人分も残ってないじゃないの」と自分を客観視できる冷静さに感心させられます。それも単に冷静というのではなく、自分をわらいの的にするユーモアの精神です。アリスは悲しくても沈みません。あるいはちょっと沈んだように見えても、すぐ浮かびあがってきます。いつも生き生きと——とは、「浮き浮

きと」に通じると思いますが——軽やかにはねまわる心の持主。それがアリスです。

　沈みかけてすっと浮きあがってきたアリスが、ふと見ると、小さなガラスの箱がころがっているではありませんか。またまた希望が実を結びました。中に入っているのは小さなケーキ。そして、今度はそれに「私を食べて」という文字がほしぶどうできれいに書いてあります。さっきの経験から、食べれば体の大きさが変わるだろうとは思うのですが、大きくなるのか小さくなるのかわからない。そんなときにやけくそにならずに、ちゃんと筋道立った論理を考えつくからりっぱです。大きくなったらかぎに手が届く。小さくなったらドアの下をくぐれる。どっちにしても、花園に入れる。なかなかじゃありませんか。ただし、この論理には抜けたところがあって、あとでそれに気付くはめになるのですが、ここまで考えるだけでもえらい。

　こうして一口食べたあとの様子は、いかにもユーモラスです。頭へ手をおいて "Which way? Which way?"（「どっちかな、どっちかな」）とつぶやいています。ところが、なんと驚いたことに、一向に変わる気配がありません。いやしかし、変わらないで驚いたとは、そのほうが驚いたことではないでしょうか。

> To be sure, this is what generally happens when one eats cake.
> ケーキを食べたときにはいつでもそうですよねぇ。

と、作者は書いています。このお話では、こんなふうに作者が時々顔をのぞかせるのですが、アリスのユーモラスなしぐさがおかしくて、作者もちょっと冗談の合の手をいれてみたくなったのでしょうか。
　今までおかしなことばかりつぎつぎに起こっていたものですから、何もおかしなことが起こらないのがおかしなことに思えてきたアリス。もう幻想の世界の一人前の住人になったのかもしれません。「そんならみんな食べちゃおーっと」とあっという間に平らげてしまいました。さてその後の成行は？　つぎの章のお楽しみとしましょう。

4　翻訳ってこんなにおもしろい

more common か commoner か

"Curiouser and curiouser!" cried Alice.

原本の第2章は、いきなりこんな言葉ではじまります。そして、

(she was so much surprised, that for the moment she quite forgot how to speak good English.)

と、かっこづきの説明づきですが、この説明そのものは別にむずかしくないと思います。so 〜 that 〜の構文。for the moment という熟語。どうってことありません。けれども、いったい何がいいたいのでしょうか？「あんまりびっくりして、まともな言葉が出てこなかったのです」。まともな言葉、good English？

もうわかったと思いますが、つまり curiouser が good English じゃないということです。では、good English ならなんという？　そう、more curious ですね。形容詞の比較級の作り方には一応原則があります。単音節なら -er をつけ、3音節以上なら more を使う。問題は2音節語ですが、-er, -y などで終わる少数のものは -er、大多数は more と見ればいいでしょう。pleasant, common のように両方使えるものもあります。両方使えるといっても、頻度のちがいはあるようで、いつか同僚のイ

ギリス人の教授が、

　　More common is more common than commoner.

と、冗談めかして教えてくれたことがあります。
　ともあれ、curiouser は very bad English なのですが、このせりふはたいへん有名だと見え、研究社の新英和大辞典には、curious の項にわざわざこの説明までのせてあります。いったい日本語ではなんといえばいいのか。原文が bad　English だから訳文でもそれに応じて bad Japanese にすべきところで、それも上記辞書にあるように単に「奇妙きてれつ」では不十分と思います。「奇妙きてれつ」はやや俗語ではあるけれども、文法上少しもおかしくはありません。翻訳者の方々はいろいろ知恵をしぼっておいでです。「てこへん」「てこりんへん」「へんてこれん」「奇妙てけれつかま不思議」——なかなかいいじゃありませんか。念のためにいっておきますが、第1章に出てきた curious（curiosity）は「知りたがる」という主体にかかわる形容詞。ここは、「おかしな」という客体にかかわる形容詞。二つの場合がありますから気をつけて下さい。

こんどはどんどん大きくなる
　ところで、なにが「てこへん」かというと、どんどんどんどんえらい勢いで大きくなりだしたのです。

> "Now I'm opening out like the largest telescope that ever was!"

open out は前にあった shut up の逆で、いれこ式になっている望遠鏡の筒が今度はのびているわけです。足がみるみる遠ざかって行くので、思わず "Good-bye, feet!" とアリスは叫ぶ。

　ちょっと理屈ばったことを申しますと、小さくなったアリスは身長10インチ（25センチ）でした。今、大きくなって、あとに出てくるとおり9フィート以上（3メートル近く）に達します。変化の割合でいえば約12倍ということです。ウルトラマンの大きさは、格闘場面の立木やビルディングなどとの比較からして（シーンによって、大きさの比率がでたらめで、おかしいなと思うことがよくありますが）、時には身長30メートル、時には100メートルにもなるでしょう。かりに30メートルとしても、身長おそらくは170センチ程度の早田隊員の変身倍率は、18倍に及ぶわけで、アリスのほうがだいぶ劣ります。しかし、そんなふうに十何倍もからだが伸びていくときの感じはどんなでしょうか。こればかりは、早田隊員でなければ味わいようがありませんが、一つ思いあたるのは、最近ほうぼうで見かける、外の見える透明なエレベーターです。昇るにつれて、通りを歩く人や行きかう車がだんだん遠く小さくなってゆく。アリスが味わった感じは、こういうエレベーターに乗ってビルの7、8階まで昇るときのようなもの、ということになります。

いや、しかし――とまた考えます。エレベーターで昇るときには、目の位置だけ高くなるわけだけど、からだが大きくなるときには、身長が伸びるだけじゃなく、手も足もそれにつれて全部大きくなり、からだの各部分の比率は変わらないんだから、そんなに足が遠く小さく見えることにはならないんじゃないだろうか。どうもよくわかりません。ヘンなことをごちゃごちゃ考えると読者のみなさんも思うでしょう。なぜそんなことを考えるかというと、ここのところを描いたテニエルの挿絵（109ページ参照）がたいへん変わっているからです。アリスがロクロ首の気持悪い女の子にかかれています。ごらんのとおり肩から下の胴体は普通の人間のからだ、頭もそれにつり合った大きさ。首だけがひょろっと長い。こんなふうに首だけどんどん伸びれば、たしかに足は遠く小さく見えてくるにちがいありません。ところがつぎのページの、アリスがホールにすわりこんでしまったところの挿絵（103ページ参照）を見ると、からだ全体が普通の人間の比率になっています。なぜでしょう。テニエルも、アリスが大きくなるここのくだりを読んで、ぼくが今いったようなことをふと思ったんじゃないでしょうか。これは、単にからだ全体がふくらんだのではなく、少なくとも一時的には首だけ伸びたようなかっこうになったのだろう、と。この物語の先のほうには、実際にアリスの首がにょろにょろ伸びて木にからまる話も出てきます。
　それはそうと、首が伸びていく間にアリスが考えたことは、奇想天外というか、とっぴょうしもないというか、

ふき出すほどおかしなものです。いちばんはじめに穴の中を落ちたときと同じで、そういう想像力の活発さがアリスの魅力であり、同時に『アリス』の魅力でもあるでしょう。

"Oh, my poor little feet, I wonder who will put on your shoes and stockings for you now, dears? I'm sure *I* shan't be able! I shall be a great deal too far off to trouble myself about you: you must manage the best way you can — but I must be kind to them," thought Alice, "or perhaps they won't walk the way I want to go!..." (35)

「かわいそうに、わたしのあんよちゃん。これからはいったい誰があんたたちに靴や靴下をはかせてくれるのかしら。私にはとてもできないわ。こんなに遠く離れちゃったら、もうかまっていられないのよ。あんたたち自分でできるだけうまくなんとかやっていかなきゃだめ——そうだ、あんよちゃんには親切にしてあげないといけないんだ。でないと、私が行きたいと思うほうへ行ってくれないかもしれない。」

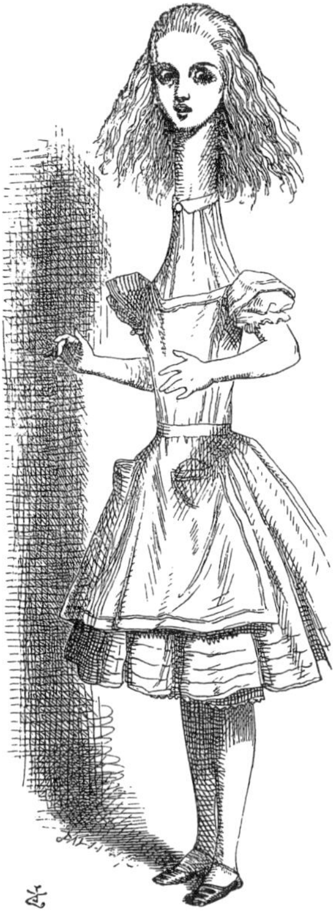

shall は、もともと主語以外の意志（力）を示す

　この章では特に助動詞に気をつけることにしましょう。

　I shan't (I shall not)　　I shall という形は、今はほとんど学校では習わないようです。昔は一人称の無意志（単純）未来は、I shall、we shall と教わりました。アメリカでは will を使い、戦後はアメリカ英語が優勢になったために教える内容も変わってきたのですが、あらゆる面で shall が次第に will に統一されてきているのは事実のようです。*WCD* には、

　Will is more common in nearly all uses.

と書かれています（more common に注目！）。

　ところで shall は一人称の無意志未来といいましたが、もともと shall は、主語以外のものに意志、というか力があることを示す、と考えた方がいいかもしれません。I shall go. は、自分で行く意志があって行くのではなく、環境の外力によって行かないわけには行かない、いいかえると、どうしたって行くことになってしまう——それが本来の意味です。I shall die. という文章なら、それがはっきりあらわれます。どうしたってそうなる、ということから、考えようによっては、非常に強い意志ととれる場合も出てきます。たとえば、I shall win. がそうです。

　二人称、三人称の shall についても、そう考えればわかりやすいかもしれません。同じく、主語の意志とは無

関係、それ以外のものが力を持っているのです。You shall die. は speaker の意志で、I will make you die. I will kill you. のことだと教わるでしょう。なるほど現実にはそういうことが多いかもしれません。しかし、「おまえが死ぬのは、おまえとは別のものの意志、力によるのだ」というのが、本来の意味だと思います。He shall win. も同じこと。普通は I will let him win. かもしれません。しかし、その主体は I ではないこともあるでしょう。こんなふうに考えると、I shall die. も You shall die. も shall の機能はまったく変わりなく、非常に単純化されます。

trouble oneself to 〜　「わざわざ〜する」の意。もちろん、日本語の表現はほかにいろいろあります。

must と have to はどう違う

you must manage 〜 I must be kind 〜　この must はいずれも「〜しなければならない」をあらわします。助動詞にはたいてい二通りの意味があることはご存じでしょう。must には過去形がないので、had to で代用することもご存じですね。しかし、must と have to には多少ニュアンスのちがいがあるようです。たとえば You must go. と You have to go. について *LDOCE* は、

> **Must** means that I want you to, while **have to** means that it is necessary for some outside reason.

と説明しています。

the best way you can のあとに —（ダッシュ）がついているのは、ちょっと考えているしるしです。そこまでは、足に向かって話しかけていますが、そのあとはひとり言になり、従って、足についての代名詞も you から them に変わります。

they won't walk the way 〜　この will は単純未来ではなく、主語の意志をあらわすもの。否定ですから「〜しようとしない」になります。

自分の足に親切にしてやらなくちゃと、アリスはクリスマスごとにブーツをプレゼントしてやろうと思い立ちます。

　　And she went on planning to herself how she would manage it.

would は will の単なる過去形で、主動詞 went が過去であるための時制の一致。過去から見て、将来どんなふうに manage（処理）しようかという意志を示すもの。

そして、アリスは、なんとすっとん狂なことに、プレゼントをするときの宛名まで考えます。

　　Alice's Right Foot, Esq.,
　　　　Hearthrug,
　　　　　　near the Fender,
　　　　　　　　(with Alice's love).

Esq. は Esquire の略で、名前のあとにつける敬称としてイギリスで使われます。日本語でいえば「……様」「……殿」と同じです。つまり、

  炉端市
   敷物町
    アリスの右足殿

ということになりますか。
 そこで自分でもばかばかしくなって "What nonsense I'm talking!" と呆れかえるのですが、そのとき——それまでずいぶん時間がたった感じがします——頭がホールの天井にどしんとぶつかりました。先ほどいったとおり、身長9フィート以上（約3メートル）になっています。ケーキを食べる前に、大きくなっても小さくなっても都合がいいと考えたあの論理の一方がここで実現されたわけで、さっそくアリスはかぎを取り上げ、花園に通じるドアにまた駆けつけたのですが、せっかくの論理にとんだ落し穴がありました。最初は飛んで穴を落ちたのに、今度はとんだ穴に落ちた、というとダジャレになりますが、彼女はかぎを手に入れたあとのことを忘れていました。前と同じで、ドアはあいてもからだが大きすぎて抜けられません。やっぱり、小さいから抜けたところがあります（またダジャレ）。またまた、悲しいやら、くやしいやら、自分が情ないやら、彼女はおいおい泣き出し

ました。

"You ought to be ashamed of yourself," said Alice, "a great girl like you," (she might well say this), "to go on crying this way!"

ought to ～も助動詞の一種で「～すべきである」「～のはずだ」という義務・当然をあらわしますが、割合軽い意味で使われ、must や have to のような強制は含みません。should の特殊用法（単なる shall の過去形ではないもの）もほとんど同じです。注意しなければいけないのは、ought to, should とも、完了形をともなう場合で、するべきであったのに実際はしなかったことになります。

may が well といっしょによく使われて、「～してもおかしくない」「もっともだ」をあらわすことも、おぼえておいて下さい。(she might well say this) とかっこに入っているのはなんでしょう？　これもこの本にたびたび出てくるジョークの一つであることがすぐわかるようでないと物足りない。つまり、アリスが "a great girl like you" といったのは、赤ん坊ならともかく「あんたみたいな大きな子が」のつもりだったのですが、著者はそれをまぜっかえして、3メートルもある大女なんだから「そういうのももっとも」とやったわけ。

to go on crying　　この不定法は理由を示します。「そんなにいつまでも泣いてばかりいて、恥ずかしいと

思いなさい」。

涙のプールで泳ぐアリス

　この前泣いたときは25センチの小人、今度は3メートルの大女。涙の量もたいへんなものでしょう。そして自分で自分を叱りつけても、泣くのは一向にとまらないものですから、とうとう涙の水たまりができてしまいました。深さ10センチ、ホールのまん中へんまで広がっています（reaching half down the hall〔downに注意〕）。いくら涙を流したにせよ、集中豪雨じゃあるまいし、そんなにたまるわけはない、などとはいわないこと。幻想の世界——「不思議の国」には、今までもたびたびそうだったように、それなりの、この世界とはちがう不思議な自然法則があります。しかし、法則がないのではありません。それは、たとえば「××ごっこ」のようにうそっ

この世界にもそれなりのきまりがあるのと同じです。そして、楽しければ笑い、悲しければ涙を流し、成功すれば得意になり、失敗すれば落胆する——こういう人間的法則は、幻想の世界でも絶対に変わりはありません。

ですから、深さ10センチの水たまりにすわりこんでいれば、洋服がぬれてさぞ気持悪かったでしょうし、へまなことばかりつづいて涙もとまらなかったでしょう。そのときです。遠くでパタパタと足音がしました。いそいで涙をふいて目をこらすと、また例の白ウサギです。相変わらずいそがしそうに、ぶつぶつ何か言いながら通りすぎるところを、アリスがすがりつきたいような気持で声をかけると、びっくりして逃げだす拍子に、白い皮手袋と扇子を落して行きました。

may, could, might

アリスは、手袋と扇子を拾い、ホールが暑かったので、扇子であおぎながら、今日の一日をふりかえって、ひとりおしゃべりをします。こんなに大きくなった自分は、いったい誰に変わってしまったんだろう？

... she began thinking over all the children she knew that were of the same age as herself, to see if she could have been changed for any of them.

all the children she knew　　もちろん関係代名詞が省略された形。all the children (that) she knew です。

that were 〜も関係文で、つまり、children に関係文が二つくっついていることになります。両方 that... that... とするのはおかしいので、はじめの that は省略しました。あとの that は主格ですから、省略できません。of the same age の of は、形容詞句を作ってその前の名詞を修飾する働きを持ちます。a man of importance（＝an important man）などと同じ用法です。

if she could have been changed 〜　助動詞 can が出てきました。これは can の第一の意味である「能力」（できる）を示すものではありません。第二の意味「可能性（推量）」です。この仮定法過去形 could、それに may あるいは might も第二の意味として「推量」をあらわし、たいへんややこしいのですが、*LDOCE* に用法が出ていますから、そのまま引用しておきます。

> To express "possibility", use **may, could, might**, in sentences that mean "perhaps"; otherwise use **can**. Compare: *The road* **can** *be blocked* (＝it is possible to block it) and *The road* **may/could/might** *be blocked* (＝perhaps it is blocked). Use **can** in questions about possibility: *This* **may** *be true* → **Can** *this be true*? and usually in statements about impossibility. Compare: *This* **may** *not be true* (＝perhaps it is not true) and *This* **can't** be true (＝it is not possible that it is true).

この意味の can を過去のことがらについて使う場合は can (cannot) have + 過去分詞の形をとります。
　そこでこの場合ですが、to see if 〜ですから「〜かどうかみてみようと」で、内容は実際には疑問ということになります。つまり、アリスは心の中で、"Can I have been changed 〜" と考えたわけです。先ほどの *LDOCE* の引用の question about possibility にあたりますね。

used to と would

　アリスはおない年の子供を全部思い浮かべて、そのうちの誰かに変えられたのかしらと考えてみました。
　「エイダちゃんじゃないことはたしかだし……」。そしてまた、

I'm sure I can't be Mabel,

この can't も同じですね。impossibility をあらわします。「メイベルちゃんのわけないわ」という意味。「だって、私はなんでも知っているのに、メイベルちゃんときたらろくにものを知らないんだから」。それに、

... *she's* she, and *I'm* I,

なんだか漫才か落語でも聞いているみたいじゃありませんか。「あの子はあの子、私は私」はもともとそのとおり

のことで、今私が大きな図体になって私でなくなったような気がするから、つまり *She's* I, and *I'm* she. かもしれないと思えばこそ、あれこれ考えはじめたわけです。*She's* she, and *I'm* I. と思うなら、はじめから何も考える必要ありません。しかし、そこは子供のアリスのこと。自分でも何がなんだかわからなくなり、ためしにどんなことを知っているか思い出してみて、メイベルかそうでないかたしかめようとします。

I'll try if I know all the things I used to know.

used to も助動詞の一種です。学校ではよく used to が過去の規則的習慣、would が不規則的習慣と教わり、学生もその説明にしがみつくようなかっこうによくなりますが、英英の辞書を見ると、そんな区別は書いてありません。

Used *to* and **would** are both used of habits or states that existed in the past and have now ceased, but **would** is not used at the beginning of a story :
We **used** *to swim every day when we were children. We* **would** *run down to the lake and jump in...*
(*LDOCE*)

この最後の例文で見ると、泳いだのと池にとびこんだのは、実質的に同じことなので、一方が used to、一方が

would になっていることは、規則的、不規則的では説明がつきません。

扇子のせいだ!
　さて、アリスは、いろいろ思い出してみると、どうも自分の記憶がおかしくなっているようなので、こう叫びます。

I must have been changed for Mabel!

これが must の第二の意味「～にちがいない」(当然の推定) です。この反対が先ほどの cannot ということになります。
　なんだかんだとひとりごとをいっているうちに、アリスはふと気がつきました。

　She looked down at her hands, and was surprised to see that she had put on one of the Rabbit's little white kid gloves while she was talking. "How *can* I have done that?" she thought. "I must be growing small again." She got up and went to the table to measure herself by it, and found that, as nearly as she could guess, she was now about two feet high, and was going on shrinking rapidly: she soon found out that the cause of this was

> the fan she was holding, and she dropped it hastily, just in time to save herself from shrinking away altogether. (39)

　もうこの部分はほとんど説明もいらないと思います。"How *can* I have done that?" "I must be growing small again."　can と must の使い方もわかりましたね。measure herself by it——it はもちろん table をさしますから、「テーブルで自分をはかる」。テーブルの高さと自分の高さをくらべてみたのでしょう。guess は、アメリカ語では believe, suppose と同じようによく使われますが、本来は to form an opinion from little or no evidence で、根拠がはなはだ不十分という印象の強い言葉です。したがって、It's anybody's guess. といえば、「誰にもはっきりわからない」ことであって、「誰にもあてられる」ではなく、Your guess is as good as mine. といえば、「あなただって私だって似たりよったり、どっちもよくわかっていない」ことを意味します。

　as nearly as she could guess　as 〜 as can の形ですから問題ないでしょう。「できるだけ正確に」見当をつけてみると、今や身長 2 フィート（60 センチ）ぐらい。なるほどウサギの手袋も手にはまるわけです。はじめ 9 フィートあまり（3 メートル近く）あったのがあっという間にこんなにちぢんで、まだ小さくなりつづけているのに、アリスは気がつかなかった。10 インチ（25 センチ）から

9フィートにのびたときには、足がどんどん遠くなるのにびっくり仰天したのに、今度はそうではなかったのは、それほど考えごとに夢中になっていたということでしょう。なぜこんなにちぢんでしまったのか？「扇子だ！」と気づきました。なんの気なしにあおいでいるうちに小さくなったのです。

日本には天狗という魔物がいます。まっかな顔で鼻がにゅっと突き出ており、山伏姿のあの天狗が手に持っているうちわも、同じような力を持っているようです。大風を起こしたり、呪文次第で大きくしたり小さくしたり。奇術、手品でもよく扇子が小道具に使われますね。ハンカチを扇子であおぐと、紙吹雪がパッと舞うというような趣向。風には何か神秘の力がひそんでいるのでしょうか。そういえばspirit（霊）の語源、ラテン語のspiritusは「霊」でもあれば、「息」「風」でもあります（spiritにも古くは「風」の意味がありました）。神さまは人間を創造したとき、「息」を体の中に吹きこみました。それが人間の「霊（魂）」です。

ネズミと泳ぐアリス

それはそうと、小さくなったアリスは、それっとばかりに花園に通じる小さなドアのところに駆けつけますが、またまたドアはしまっているし、かぎはテーブルの上に載っかったままです。

"... things are worse than ever", thought the poor

child, "for I never was so small as this before, never! And I declare it's too bad, that it is!"

「ますますいけないわ。だって私、こんなに小さくなったのはじめてだもの。これじゃあんまりよ、ほんと!」

といっているうちに、ジャボンと塩水の中に転落しました。海かと思ったら、なんとさっき自分が流した涙の池だったのです（115ページ参照）。

それからはまたおかしなことの連続です。水の中にネズミが1匹いるのを見つけ、この怒りっぽいネズミのきげんをとりながらいっしょに泳いでいるうちに、次から次へ落ちてきた動物でいっぱいになります。アヒルやドードーやオウムやワシの子、その他さまざまな珍しい動物たち。みんなが岸へあがると、どうやって体を乾かそ

うかという相談からネズミの演説がはじまったり、ドードーがコーカスレースと称するおかしな競走を全員にやらせたり、long tail（長いしっぽ）のネズミが long tale（長いお話）をやったり。あげくの果てにアリスが猫のダイナの話をしたのにおぞけをふるって、鳥たちをはじめみんなその場から逃げてしまい、アリスはたったひとり残されました。そして、ホールも、ガラスのテーブルも、小さなドアも、すべて煙のように消えていました。

そこへ現われたのは、またまた例の白ウサギ。今度はアリスが小さくなっているので、驚きません。アリスを自分の召使とまちがえてしまいます。ウサギに手袋と扇子を持って来いと命令されたアリスは、教えられた方向に駆け出しながら、思います。

"He took me for his housemaid," she said to herself as she ran. "How surprised he'll be when he finds out who I am! But I'd better take him his fan and gloves — that is, if I can find them."

had better はきつい言い方

take は非常に多くの意味に使われます。いうまでもなく、基本は「取る」で、あとのほうの take him his fan の take も、物を取り上げることには変わりなく、ただそれに方向が加わって、「持って行く」になるだけのことです。最初の took me for——この take は「〜と考える、みなす」の意味です。日本語でも「〜を……ととる

(受けとる)」は「考える、みなす」を示しますから、これもやはり基本の意味を残していることになります。このtakeのやりそこないが、とりも直さずmistakeです。

　had betterは、おそらく「〜した方がいい」としか教わらなかったでしょうが、実際はそんな控え目な調子ではなく、相当命令的な言いまわしであることに気をつけて下さい。英英の辞書にも **had better** ought to ; should (*LDOCE*) とあります。ですから、「〜した方がいいですよ」を英訳するときに、had betterを使うなどとんでもないことで、そういう遠慮勝ちなすすめは、would do well to〜や might as well〜を使うべきでしょう。ついでながら、なぜhad betterにhadという過去の形が使われるかというと、これもやはりもとは仮定法なのです。

　最後の — that isは「つまり」「すなわち」で、「でも、扇子と手袋は持ってってあげなくちゃ」と言っておきながら、ちょっと考え直して、「——そんなこと言ったって、見つかればの話だけど」とつけ加えたわけです。

somethingとanythingの大きな違い

　と考えているうちに、「白ウサギ」と標札の出た家の前にきて、ノックもしないで中へ入ると、ちゃんと手袋と扇子がテーブルの上においてありました。それだけではありません。鏡台のわきには、小さなびんもおいてありました。みなさん、またかと思われるでしょう。今度は「私を飲んで」というラベルはついていませんでしたが、アリスはなんのためらいもなく飲みます——また、また。

"I know *something* interesting is sure to happen," she said to herself, "whenever I eat or drink anything: so I'll just see what this bottle does..."

sure は気をつけないといけません。sure to do は「きっと〜する」、sure of 〜は「確信している」——といっただけではピンとこないかもしれないので、例文をあげると、

(1) He is sure to succeed.
(2) He is sure of succeeding.

(2)が「彼は成功を信じている」であるのに対し、(1)は、「彼はきっと成功する」で、ほかの人が彼の成功を信じていることになります。

whenever は複合関係副詞ですが、単に接続詞と考えてもかまいません。複合関係代名詞 (whoever など) のほうがややこしく厄介なところがありますが、複合関係副詞は特に説明の必要もないと思います。

ここではっきりいっておきたいのは、something と anything（広くは some と any）のちがいです。はっきり理解していない人が意外に多いように思われます。something は「何か、あるもの」で、疑問・否定なら anything が使われることは誰でも知っているでしょう。しかし、それはあくまでも原則であって、そうでない場

合もよくあります。たとえば、

(1) Is there something to eat?
(2) Is there anything to eat?

は、どちらもいえます。しかし、(1)は肯定的な答を期待している質問で、「(いい匂いがするけれども)何か食べるものあるの?」というような含みがあります。(2)はその点まったく白紙で、「(おなかがすいたけど)何か食べるものある?」という単純な質問です。ということからすると、some は平叙文・肯定文、any は疑問文・否定文と考えるよりは、some は肯定的姿勢、any は中立と考えた方がいいかもしれません。any の本質的な意味は「(どれでもいい、何でもかまわない)何か」、some は「(どれだかわからない、何だか知らない)何か」で、「どれでもいい」はたしかに中立ですし、「どれだかわからない」は、わからないにせよ、何かが存在していることはすでに前提されている、つまり肯定的ということになります。

　そこでこの場合ですが、something interesting is sure to happen は、「何かおもしろいことがきっと起こる」でいいですが、その「何か」とは、今いったように「何だかわからないけれども何か」ということです。それに対し whenever I eat anything は「何か食べるといつも」でも、日本語の表現として——こういうところはあいまいなので——いけないことはありませんが、その「何か」は厳密にいえば、「どれでもいい何か」で、もっとはっき

4　翻訳ってこんなにおもしろい

りさせるなら「何を食べても」です。

この場合は、日本語のあいまいさのおかげで「何か食べると」でもまあいいことになりますが、それではすまないことが多いから気をつけて下さい。He can do anything. は「彼は何かすることができる」ではありません。ちょっと複雑なイディオムになると、まちがえる人はさらにふえます。たとえば、anything but 〜を「〜以外の何か」と誤訳した例をつい最近見かけました。これは文字どおりにいえば、「〜以外は何でも（いい）」、つまり「〜だけはだめ」「全然〜ではない」「とても〜とはいえない」で、nothing but（「〜にほかならない」）のちょうど裏返しになります。nothing が anything の否定であることからして、それは当然でしょう。

またまた大きくなるアリス

初歩の説明が長くなりましたが、またまたびんを見つけ、またまた飲んだアリスは、期待にたがわず、そして読者の予想にもたがわず、またまたにょきにょき大きくなります。なぜこんなに「またか」というような状況ばかりくりかえして出てくるのか、みなさんは不思議に思うかもしれません。しかし、こういう同じパターンのくりかえしは、特に児童文学などにはよく使われる技法なのです。『おおきなかぶ』という、ロシアかどこかの民話をご存じですか。小さい子供向きの絵本になっていますから、読んだことのある人、読んで聞かせてもらったことのある人は大勢いると思います。なんのへんてつもな

いお話で、おじいさんが大きなかぶを育てた。いくら引っぱっても抜けない。おばあさんがやってきて、力をあわせたけれどもまだ抜けない。まごを呼んできて、三人で引っぱったのに、やっぱり抜けない。イヌを呼んできたけれどだめ、ネコを呼んできたけれどもだめ、最後にネズミまで呼んできて、やっと抜けた——それだけのことです。ところが、子供にはそれがおもしろいのです。いや、子供だけではありません。子供に読んでやっているおとなまでも、次から次へといろんなものが出てくるのに、「まだ抜けません」「まだ抜けません」ばかりつづくので、思わずふきだしてしまいます。こういうことは、ほかでもよく経験するでしょう。たとえば、一人の人としては別におかしな顔ではないのに、同じ顔が何人もつづいてあらわれたら、きっと笑いたくなります。なぜなのか？　フランスの哲学者ベルグソンは、名著『笑い』の中で、おかしさが常に自動現象とぎこちなさの結果であること、生きたものに機械的なものがかぶせられたために生ずることを明らかにしました。

なぜ one を使うのか

またまた大きくなったアリスに話をもどしますが、片腕を窓から出し、片脚は煙突につっこみ、体を折り曲げるようになんとか家の中に入っているアリスの言うには、

"It was much pleasanter at home," thought poor

> Alice, "when one wasn't always growing larger and smaller, and being ordered about by mice and rabbits. I almost wish I hadn't gone down that rabbit-hole — and yet — and yet — it's rather curious, you know, this sort of life! I do wonder what *can* have happened to me! When I used to read fairy tales, I fancied that kind of thing never happened, and now here I am in the middle of one! There ought to be a book written about me, that there ought! And when I grow up, I'll write one — but I'm grown up now," she added in a sorrowful tone: "at least there's no room to grow up any more *here*." (58〜59)

　pleasant の比較級は、前に述べたとおり、-er と more 〜の両形がある、と少なくとも英和辞典には書いてありますが、実際には pleasanter を使っているような気がします。英英辞典には両方あるとは書いてありません。

　when one wasn't always 〜　　この one は、もちろん不定代名詞ですが、日ごろ気になってしようがないことがあります。それは、ほとんどの学生、そして多くの翻訳者が one を「人は」と訳すことです。ことさらに「多くの人が」とする人もいます。先年亡くなったぼくの恩師ヨゼフ・ロゲンドルフ先生は、日本人以上に日本をよく知っておられた方ですが、口をすっぱくして学生に

おっしゃいました。「英語でなぜ one を使うかというと、主語をはっきり言いたくないからなんです。日本語は主語を言わないですますところがまさに特徴ですから、one と書かれているからといって、わざわざ『人は』と主語を出すのはばかげていますよ」。そのとおりです。*Collins* には、

> any indefinite person : used as the subject of a sentence to form an alternative grammatical construction to that of the passive voice : *one can catch fine trout in this stream.*（受動態に代わるものとして、その主語に使われる。）

と書かれています。つまり、one を使って書かれているのは、述語の部分が重要なので、むしろ非人称と内容的には同じと考えることもできます。one can 〜 ＝ it is possible to 〜のように。

　one を「ある人は〜」「〜する人がいる」と訳した例にもぶつかりました。これもちがいます。この日本文は、普通の感覚では自分を含んでいません。しかし、one は、

> any person, including the speaker（*LDOCE*）
> any person, esp : the speaker.（*COD*）

そればかりではありません。

4　翻訳ってこんなにおもしろい

sometimes used as a third person substitute for a first person pronoun (I'd like to read more, but one doesn't have the time.) (*WCD*) (one は時には一人称代名詞の代わりにも使われる。)

これはちょっと格式ばった表現で、アメリカ英語よりはイギリス英語によく出てきます。そして、今のアリスの場合は、まさにこれにあたり、one とはいっているものの、実際に念頭にあるのは自分です（ただし、翻訳にあたって「私は」とする必要はまったくありません）。

... wasn't always growing..., and being ordered

と進行形になっているのは、もちろん、進行中のできごとを示すのではなく、習慣です。そして、こういう習慣をあらわす進行形は、各種（非難・嫌悪・困惑・賞賛など）の感情が言外にこめられていることがよくあります。この場合も、しょっちゅう大きくなったり小さくなったり、ネズミやウサギに命令されたり、いやだなあという気持があるといってさしつかえないでしょう。いやになっちゃったからこそ、

I almost wish I hadn't gone down that rabbit-hole

です。この仮定法はいいでしょうね。アリスはまるで後悔しているみたいですが、大事なのはその次。

— and yet — and yet —

棒（ダッシュ）が3本も引かれているところにアリスの心の揺れがよくあらわれています。

　　　──だけど──だけど──

ともう一度考え直すのです。

　　... it's rather curious, you know, this sort of life !

it はあとに出てくる this sort of life をさします。you know は、ご存じと思いますが、合の手に始終使われる言葉で、まったく意味はありません。日本語の「ねえ」と同じようなものです。こんなものまで「あなたが知ってるように」とごていねいに訳す人がいます。ともあれ、アリスは、一方でこりゃたまらないと思いながら、一方でこんなへんてこりんな生活もおもしろい、変わっていいと思っているわけで、今までもたびたびそうだったように、ここにもアリスのはちきれるような冒険心、好奇心がうかがわれます。これこそほんとうの子供らしさというものでしょう。

that が全部わかればもう一人前

　　what *can* have happened... I used to read 〜の助動詞

はもう大丈夫のはず。そして、I am in the middle of one! の one は、先ほどの one と同じく代名詞ですが、働きはまったくちがいます。こちらはほかの名詞の代用語で、なんの代用かといえば fairy tale です。

There ought to be a book 〜の ought to も大丈夫のはずで、そのあとの、that there ought！

さてこの that はなんでしょう。that は、品詞でいっても、指示代名詞、関係代名詞、形容詞、副詞、接続詞、さらにその働きもいろいろで、千変万化の使われ方をする言葉です。たとえば『アリス』に出てくる that を全部説明できれば、文法の知識は万全といっても過言ではないでしょう。この that は代名詞。前文の to be a book written about me をさします。

when I grow up, I'll write one ― また one が出てきましたが、これはさっきの one と同じで、book の代用。

最後に、これまたアリスらしいとぼけたジョークになります。

... when I grow up, I'll write one ― but I'm grown up now,

はじめの grow up（大きくなる）は、もちろん「年が大きくなったら」、つまり「おとなになったら」の意味ですが、あとの grown up（大きくなっている）は、「体が大きくなっている」ことです。さいわい日本語でも二つの意

味で「大きい」が使われるので、このシャレの翻訳は困りません。

there's no room to grow up〜の room は、「部屋」ではなく「余地」「場所」です。

アリス、チェシャ・ネコに会う

このあとアリスは、まだ小さくなったり大きくなったりするのですが、最後にイモムシに、キノコの片側をかじると大きくなり、反対側をかじると小さくなることを教えられ、それをもって出かけます。その間の話は全部とばすことにして、『アリス』の登場人物（？）の中でもいちばん有名なチェシャ・ネコにはじめてぶつかるところを読みましょう。

高さ120センチほどの小さい家。キノコをかじって体を小さくしたアリスは、中へ入ろうと思って、カエルのような顔の召使と問答をします。「どうすれば中へ入れるの？」

"*Are* you to get in at all?" said the Footman. "That's the first question, you know."

It was, no doubt: only Alice did not like to be told so. "It's really dreadful," she muttered to herself, "the way all the creatures argue. It's enough to drive one crazy!"

The Footman seemed to think this a good

> opportunity for repeating his remark, with variations. "I shall sit here," he said, "on and off, for days and days." (81)

> 「あんた、そもそも入るつもりなのかね。それが先決さ」と召使は言いました。
> 　たしかにそうにちがいありません。でもそんなふうに言われるのは、アリスとしてはおもしろくありません。「ああ、やだ、やだ。だれもかれも理屈っぽいったらないんだから。頭がへんになっちゃうわ」とアリスはぶつぶつひとりごとを言いました。
> 　召使は、このときとばかり、さっき言ったことを、形を変えてくりかえしました。「わしはずっとここにいるよ。時々は休むけど、毎日な。」

be to〜が、予定・義務・運命などをあらわす未来表現であることは、前に説明したと思います。

It was, no doubt　このIt wasのあとにthe first questionが省略されていると考えればいいでしょう。問題はno doubtで、これを「疑いもなく」とか「疑問の余地がない」とか訳すのは、ほとんどまちがいといっていいと思います。例によってLDOCEの説明を見ると、

Without doubt and **undoubtedly** express a stronger

sense of knowing the real truth than **no doubt** or **doubtless**, which can be used as an adverb meaning not much more than "I think" or "I agree."

つまり、no doubt と doubtless は、without doubt や undoubtedly よりは意味が弱く、せいぜい "I think" "I agree" ぐらいの感じだというのです。もう一つ大事なことは、no doubt は but と組でよく使われるということで、it is true... but と同じく、譲歩をあらわす表現形式です。つまり、日本語でいえば「たしかに（なるほど）〜だが……」ということになります。

　ここには but なんかないじゃないか、とおっしゃりそうですね。それは考えが浅い。たしかにあります、only です。

　only もごく基本的な単語ながら、単純のようで非常に厄介なところがありますから、気をつけて下さい。ここでは深入りするのは避け、特に問題となることが出てくれば説明することにして、さしあたって大事なことだけにとどめておきます。only が形容詞で「ただ一つの」、副詞で「ただ」「〜だけ」「〜にすぎない」を意味することは、今さら講釈するまでもありません。しかし、その知識だけに頼ると、

　... only Alice did not like to be told so.

を「アリスだけは、そういわれるのがいやだった」と訳

4　翻訳ってこんなにおもしろい　137

しかねません。場合によっては、それでいいこともあるでしょう。場合によっては——ここではだめです。この only は、形容詞でも副詞でもなく、接続詞なのです。意味はやはり「ただ」、もっとわかりやすくいえば「ただし」「しかし」です。英和辞典にこんな例が出ていました。

I would do it with pleasure, only I am too busy.
喜んでしたいのですが、ただとても忙しいものですから。

ここの only が「しかし」だとすれば、形はちがうけれども、意味は no doubt 〜 but と同じ譲歩だということに当然なるわけです。

creatures の意味

dread は動詞で「おそれる」、名詞で「おそれ」ですが、形容詞の dreadful は「おそろしい」とは限りません。口語では very unpleasant の意味でよく使われます。人の気持というものは誇張することが多いのでそうなってきたのでしょう。terrible, horrible みな同じです。と書いたついでに、もともと「おそろしい」を意味する英語の形容詞にどんなものがあるか、考えてみて下さい。ここにあげたもののほか、

frightful, awful, fierce, formidable

などが頭に浮かぶでしょう。まだほかにもあります。日本語は「おそろしい」のほか、「こわい」ぐらいしかないんじゃないでしょうか。前にもいいましたが、日本語の動詞・形容詞の語彙の少なさはここにも表われています。

　It's really dreadful. の it は、あとに出てくる the way をさし、the way in which が省略されて all the creatures argue につづいています。つまり、creatures が argue するそのやり方、というのが文字通りの意味です。creatures を、多くの『不思議の国のアリス』が「動物」とやっているのは感心しません。たしかに、学問的には人間も動物の一員にちがいありませんから、「動物」といえば人間もはいることにはなります。しかし、日常語では、「動物」に人間は含まれません。この不思議の国では、人間ならぬ動物がみな口をききますし、この従僕はカエルのようでもあります（実はこの場面の前にもう一人従僕が出てきますが、それはサカナふう）。しかし、あとに出てくるとおり、人間もいる。要するに、ここでは人間も動物も区別なくごちゃまぜで、逆にそれが不思議の国、おとぎの国、幻想の世界の特徴でもあるでしょう。そして、この場面でアリスには、人間とはちがう「動物」という意識はなかったと思います。また creature は、人間にも動物にもひとしく使われる言葉です。時には愛情をこめ、時には軽蔑をこめて。all the creatures──「どいつもこいつも」「だれもかれも」という感じではないでしょうか。

そして argue。「動物たちの議論のしかたといったら」「皆の議論のやり口ってものは」という訳があります。議論というと、お互いに自分の考えを主張し合うことのはずですが、ここまでそんな情況はまるっきりありません。情況を考えないで、単純に訳語を使うからそういうことになります。ここでは、

offer reasons for or against something（『研究社新英英』）

がぴったりでしょう。要するに、理屈をこねることです。ここの "That's the first question." もそうですし、この前のシーンでも従僕がアリスに向かって、

"There's no sort of use in knocking," said the Footman, "and that for two reasons. First, because I'm on the same side of the door as you are. Secondly, because…"
「ノックをしたってむださ。理由は二つある。第一に……第二に……」

と、文字どおり offer reasons をやっています。
It's enough to drive one crazy!　It は to 以下の形式主語──と、ついいいたくなるかもしれません。ご注意下さい。It は、前の the way all the creatures argue を受けています。to 不定法は enough にかかる副詞句で

す。one は、すでに説明したとおり anyone including *the speaker*。drive は「駆る」という元の意味の転用で、「駆りたててある状態にさせる」、つまりは「〜にする」です。もちろん、それにはある強制的な力がなければなりませんし、「〜」の部分も、ふつうはいやな状態、たとえば mad, crazy などにきまっています。

The Footman seemed to think this a good opportunity for 〜　　直訳すれば「これを〜のためのよい機会と考えたらしく」ですが、日本語ではいろいろないい方ができます。

on and off あるいは逆に off and on は熟語で、from time to time, occasionally の意味です。on は仕事をしている状態、off はその反対で仕事を休んでいる状態、両方合わせて「やったりやらなかったり」だから「時々」ということになります。

鼻の単語は sn で始まる

しびれを切らせたアリスが、委細かまわずドアをあけると、中は大きな台所で、もうもうと煙がたちこめています（次ページ参照）。中央には、三本脚の椅子にすわって赤ん坊をあやしている、いかついご面相の公爵夫人。左手には、これまたおそろしげな顔の料理女がいて、今しも大釜で煮立てたスープをかき回している様子。その左手ににぎられたこしょうびんにご注目下さい。

"There's certainly too much pepper in that soup!"

Alice said to herself, as well as she could for sneezing.

「きっとスープにこしょうを入れすぎてるんだわ。」アリスは必死でくしゃみをがまんしながらいいました。

最後の *for* sneezing がちょっとわかりにくいかもしれません。この for は「理由・原因」を示すと見ていいでしょう。前にもありました。as well as she could につづいて for で、「一所懸命、というのは〜だから」。見方を変えれば「くしゃみをこらえて……」になります。結果的には in spite of と同じで、特にその意味では for all

という形でよく出てきます。

  For all his wealth, he is unhappy.
  彼はあんなに金持ちなのに不しあわせだ。

sneeze は「くしゃみ」ですが、鼻に関係のある単語に sn ではじまるものが多いのは、多分擬音のせいでしょう。目ぼしいものをひろってみると、

sneer	鼻であしらう
sniff	くんくんかぐ
snore	いびきをかく
snort	鼻を鳴らす
snout	（豚などの）鼻
snub	鼻であしらう
snuff	鼻から吸う、かぐ

こしょうは、スープどころか、空中にもいっぱいで、公爵夫人も赤ん坊もくしゃみをしています。ただ、

  The only two creatures in the kitchen, that did *not* sneeze, were the cook, and a large cat, which was lying on the hearth and grinning from ear to ear.
  台所でくしゃみをしていないのは、料理女と、もう一つ大きなネコだけ。こいつは、炉ばたに寝そべり、耳まで裂けた口をしてにやにや笑っていました。

思いもよらぬ翻訳者の苦労

　また creature が出てきました。「動物」とも「人」ともいえないことにご注意（なぜさっきのところを「動物」にしたのか、改めて不思議に思います）。ここで、一般の人びとがおそらくは思いもよらない翻訳者の苦労を一つ紹介しましょう。The only two creatures の two をいったいなんとすればいいか。日本語の数助詞というのは、はなはだ厄介なもので、よく入社試験その他の常識問題に出される、たんす、箸、びょうぶ、などなどの数え方は、もうほとんど常識とはいえないような、日常からかけ離れた用法ですから、この際ぬきにして、ごくふつうのものでもそれぞれ特有の数え方を採っています。紙は1枚、本は1冊、鉛筆は1本といった具合。山は何もつけなくて一つとしかいわないけれども、川は1本でも一つでもいい。人間は一人、二人。動物は1ぴき、2ひき（あるいは1頭、2頭）。いずれも一つ、二つ、とは絶対にいえません。別に日本語独特というつもりはなく、英語でも物質名詞は a *sheet* of paper, a *piece* of chalk, a *cup* of tea, a *glass* of milk, a *loaf* of bread と、それぞれちがっていて、これまた英語の試験問題に出されたりします。それはともかくとして、今の場合いったいどうすればいいでしょう。くしゃみをしていないのはたったの二人とはちょっといえない、まして2ひきはだめ、二つもおかしい。翻訳者の方々、どうなさっているか調べてみたら、二人が二人、ふたつがひとつ（なんだかなぞなぞみたいで

すが)、ほかは、ぼくと同じように思い切りよくカットしておいででした。

笑いにもいろいろありまして

次は grin。英語で「笑う」を意味する動詞はいろいろあります。ちょっとしらべただけでも、laugh, smile, jeer, sneer, chuckle, grin, simper, smirk, giggle, titter, snicker, snigger など。それぞれ特徴があるのですが、grin とはどんな笑いでしょう。よく「にやにや笑う」「歯をむき出して笑う」といわれますが、そういう笑いは非常にいやな感じしかしません。英英の辞書を見ても show (reveal) the teeth という説明がたいていついていますから、歯が見えるというのが一つのポイントなのでしょう。しかし、それを「歯をむき出して」といってしまうのは、時にはあたっているにしても、ちょっとまずいのではないでしょうか。

> smile which seems almost to be laughing, esp. a very wide smile (*LDOCE*)

とあることからして、要するに smile と laugh の中間の大きさの笑いと見ておけばいいように思います。場合によって「にやっと」でしょうし、あるいは「にこっと」のこともあるでしょう。

びっくりしたアリスは、公爵夫人に「お宅のネコはどうしてあんなふうに笑っているんでしょうか」ときくと、

"It's a Cheshire cat, and that's why."
「これはチェシャ・ネコなの。だからです」

という答。アリスはさらに、

"I didn't know that Cheshire cats always grinned ; in fact, I didn't know that cats *could* grin."

　チェシャ・ネコなんていうネコはもちろん実在しません。チェシャは作者ルイス・キャロルが生まれた州の名前で、その当時から "grin like a Cheshire cat" という言いまわしがあったようです。意味は、

(grin) constantly and meaninglessly (*COD*)

そのいわれが、ペンギン版テキストには編者マーティン・ガードナーの注として出ていますから、このテキストを使っている人は、自分で読んでみるといいでしょう。ともあれ、そんな言いまわしがあったことから、キャロルは逆にチェシャ・ネコなるものをつくって、不思議の国の住人にしたてたのだと思います。

in fact を無神経に訳さない
　このアリスのせりふの中にある in fact という言葉は、学生のみならず翻訳者にずいぶん無神経に片づけられる

ものの一つです。「実際」「事実」の一言ですませてしまう。しかし「実際」とか「事実」とかいうのは、文脈によって意味をなさないこともあるし、おかしいこともあります。たとえば、

　　今年のつゆは雨が少ないという予報だった。事実、ここ数日ずっと晴れつづきである。

なら問題ありません。ところが、

　　今年のつゆは雨が少ないという予報だった。実際、ここ数日ずっと雨つづきである。

と書けば、この人バカじゃなかろうかと思われるにきまっています。「事実は」あるいは「実際は」とすればおかしくありません。

　in fact は一言でいうと actually です。まずある命題を示し、それについて今度は、事実に即してさらに掘り下げた論述をする、「実際は……だ」と。そのつなぎの役を果たすのが in fact です。そして「実際は……だ」というその内容は、前の文に対してさまざまな関係を持っています。あるときは、前文のとおり、あるときは前文の逆、あるときは、前文を強める、というように。さっきの例をもう一度使いましょう。

　　今年のつゆは雨が少ないという予報だった。……こ

4　翻訳ってこんなにおもしろい　147

こ数日晴れつづきである。
　今年のつゆは雨が少ないという予報だった。……こ こ数日雨つづきである。
　今年のつゆは雨が少ないという予報だった。……ま だ一度も降らない。

このすべてに対して、英語の in fact をつなぎにいれる ことができます。日本語では何になるでしょう。それぞ れの場合に応じて、実にさまざまなものが考えられます。 「たしかに」「そのとおり」「その証拠に」「ところがなん と」「むしろ」「そもそも」「かえって」「それどころか」 「さらに」など。バカの一つおぼえで「事実」とやるの は、事実をゆがめることになるでしょう。

不思議の国では猫も笑う

　「チェシャ・ネコがいつも笑っているなんて知りま せんでした。だいたい、ネコが笑うなんて思いません もの。」

「ほんとうは猫が笑えるということを知らなかったの です」と、一つの翻訳にありましたが、「ほんとうは」 は、ほんとうはほんとうではなくまちがいだと思います。
　ところで、ほんとうはどうなんでしょう、ネコは笑う ものでしょうか。アリストテレスは、人間を笑うことの できる動物とどこかで定義しているそうで、それを裏返

ネコにまつわる英語のことわざ・成句

A cat has nine lives. ネコにはいのちが九つある；（つまり）ネコはなかなか死なない

as sick as a cat ひどい吐き気がする

cat and dog life けんかばかりしている暮らし

cats and dogs どしゃ降り、犬猿の仲

Even a cat may look at a king. どんな卑しい人にも、それなりの権利はある（『アリス』のあとの方にこのことわざが出てきます）

let the cat out of the bag （うっかり）秘密を洩らす

like a cat on hot bricks はらはら、そわそわしている（日本でも、焼けたトタンの上にネコを乗せると、熱くておどり出す、というでしょう）

There's no room to swing a cat. ちっぽけな、狭い、ごみごみした場所（ネコのひたいほどの土地）

wait for the cat to jump 様子がはっきりするまで何もしない

like something the cat has brought in くたびれ果てて、うすよごれて（ネコがおもちゃにした小鳥やネズミを思い浮かべる）

not a cat's chance まったく見こみがない

play cat and mouse なぶりものにする

put the cat among the pigeons 騒ぎをおこす（当然でしょうね）

turn the cat in the pan 寝返る、裏切る

せば、動物で笑うことのできるのは人間だけということになります。ほかの動物は笑っているような顔に見えてもほんとうに笑っているわけではありません。それは、笑いがまったく知的な行為だからで、いいかえると、知性がなければ笑うべき状況、つまり「おかしさ」を認知できないからです。ただ笑いにもいろいろあって、知性がまだ発達していない赤ちゃんの笑いなどは、また別に考えなければいけないのですが、今はその説明をする場合ではありません。とにかく、笑うのは人間だけといっておくのにとどめます。しかし、それは日常世界での話。不思議の国の動物たちは、りっぱに知性をそなえているので、笑ってもいっこう不思議ではありません。

日常世界では、ネコはとりわけ笑わないものとされているのでしょうか。その証拠に、英語には enough to make a cat laugh という熟語があります。意味は「ネコも笑うほど（おかしい）」。ほかに enough to make a cat speak という成句もあり、これは「ネコも驚いて口をきくほど（すてき）」なのだそうで、ネコは笑わないだけでなく口もきかないことになります。結局、ネコが、特に同じペット仲間のイヌにくらべて、独立性が強く、人にベタベタしないところからきているのでしょう。

公爵夫人は、ネコはみな笑うといい、アリスが「笑うネコなんてちっとも存じませんわ」と答えると、

"You don't know much," said the Duchess ; "and that's a fact."

that は、ネコが笑うことではなくて、"You don't know much," をさします。

「あなたはものを知りませんね。ありていに申しまして。」

「それは事実です」というような訳ではつや消しです。

> Alice did not at all like the tone of this remark, and thought it would be as well to introduce some other subject of conversation. While she was trying to fix on one, the cook took the cauldron of soup off the fire, and at once set to work throwing everything within her reach.

前に、had better の説明のついでに「〜した方がよさそうだ」というのは、do well to 〜 や might as well 〜 を使うのがいいと書きましたが、このように it を不定法の形式主語にすることもできます。

introduce は「紹介する」だけではありません。音楽や歌でよく「イントロ」という言葉が使われます。「イントロクイズ」なんていうテレビ番組までありました。多分知って使っているのでしょうが、もちろん「イントロダクション」の略。意味は「序奏」ですね。そして「イントロダクション」introduction は introduce の名詞形で

す。intro- は「中へ」を意味する接頭語。duce は、lead を意味するラテン語の ducere からきています。そうすると introduce は文字どおり「導き入れる」、introduction は「導入部」つまり「序奏」ということになるわけです。同じ構造の単語として、produce（つくり出す）、reduce（切りつめる）、deduce（演繹する）、induce（誘発する）などがありますから、ついでに復習しておきましょう。

fix on は「きめる」「決定する」で、one はここでは a subject（話題）をさします。

set to work (on) は、start doing (*LDOCE*) ですから、set to work throwing は start throwing ということになります。

名詞の reach も「リーチが長い」というふうに、片カナ語で結構使われています。ところが動詞の reach は、「達する、到着する」という意味しか知らない人が多いのは不思議です。「（手を）さし出す」もおぼえておくこと。

terrify、terrible、terrific

さて、料理女が手あたり次第に公爵夫人と赤ん坊目がけてものを投げてくるので、アリスはおそろしくなって叫びます。

> "Oh, *please* mind what you're doing !" cried Alice, jumping up and down in an agony of terror. "Oh, there goes his *precious* nose !" as an unusual-

ly large saucepan flew close by it, and very nearly carried it off.

"If everybody minded their own business," the Duchess said, in a hoarse growl, "the world would go round a deal faster than it does."

"Which would *not* be an advantage," said Alice, who felt very glad to get an opportunity of showing off a little of her knowledge. "Just think what work it would make with the day and night! You see the earth takes twenty-four hours to turn round on its axis — "

"Talking of axes," said the Duchess, "chop off her head!"

Alice glanced rather anxiously at the cook, to see if she meant to take the hint; (84)

mind は to be careful (of), pay close attention (to) です。agony は great pain、terror は great fear。great がはいっているとおり、いずれもたいへん強い意味の言葉です。ついでながら、「テロ」というのは、terror の派生語 terrorism をちぢめたものであることは、もちろんご存じでしょう。もう一つついでに派生語を思い浮かべて下さい。動詞は terrify、形容詞は terrible、terrific。terrible は「おそろしい」よりは「ひどい」——very bad, very severe の感じですし、terrific は逆に very good で

す。若い人たちがよく使う「スッゴイ」を思い出します（いや、年寄りも使いますか）。もともと「凄(すご)い」は「おそろしい」の意味でしたが、今はまったくそうではなくなって、よきにつけあしきにつけ、程度の高さを示すだけの感嘆詞と化しています。

... there goes his *precious* nose !　goのような基本動詞は非常に守備範囲が広いので、かえって意味がとりにくいものです。ここでは「なくなる」「消える」。precious は「大事な」「かわいい」で、イタリックになっているのは、もちろん強調。

If everybody minded their own business～　everybodyは単数ですから、代名詞はhisで受けるのが文法的に正しいわけですが、実際にはこういうことがよくあります。mindはさっきと同じですが、businessと結びつくとまた別のニュアンスが出てきます。そもそもbusinessは「仕事」「商売」ですが、時には「本分」とか「義務」とか、自分が責任を持ってやる仕事の意味合いが強く出ます。日本語でも「自分の仕事をやってろ」といえば、「ひとの仕事に口を出すな」にほぼひとしいわけで、それが英語でも――英語国民も同じく人間にはちがいないので――見られるのです。たとえば、

know one's own business　　自分の仕事をちゃんと心得ていて、余計な手出しをしない
have no business to do something　　何かをする権利はない

それで、"Mind your own business!" というせりふは「よけいなお世話だ」「自分に関係のないことにくちばしをつっこむな」——Don't ask about things that don't concern you. I won't tell you. と同じことになります。

　ところが、どの翻訳者もやっているように、ここを「みんながよけいなおせっかいをしなければ」と訳すのは、ちょっと問題なしとしません。そこが翻訳というものの一筋縄ではいかないところで、たしかにふつうならそれで上々なのですが、ここはその前に "Mind what you're doing!" というせりふがあり、それにひっかけて "If everybody minded their own business..." が出てくるのです。日本語もこの二つに関連が作られていないといけません。「気をつけてちょうだい」「みんながひとのことに口だしをしなければ……」では、どこに関連があるのかわからないでしょう。

一語多義と同音異語

　... the world would go round... faster...　この world は「世間」「世の中」の意味で使われています。go round は「あちこち動く」。要するに、各自が自分の本分を守っていれば、世の中の諸般万般、手早くスムーズに運ぶだろう、ということです。Love makes the world go round. ということわざがあります。「愛は世界を動かす」とでもいえばいいでしょうか。これを「世界一周新婚旅行をする」と、珍無類の訳をした人がいました。

アリスも、the world would go round a deal faster を珍妙に解釈して、この world を「地球」go round を「回転する」と考えたのです。

Which would *not* be an advantage　　which は関係代名詞。一度文章が切れているので、ちょっとへんな感じがするかもしれませんが、前の文全体、つまり the world would go round a deal faster をさしています。「それは」とふつうの指示代名詞のように処理しておけばいいところです。

what work it would make 〜 の it がまさに「それは」で、同じものをさします。make work は「騒ぎをおこす」。

前に take がいろいろな意味で使われることを書きましたが、the earth takes twenty-four hours to turn round 〜 の take は「（時間を）必要とする」で、it takes ... to do 〜 の形をとることもよくあります。

turn round on its axis　　前置詞の使い方は、われわれ日本人にはずいぶんむずかしく、手こずるものの一つで、だからこそ試験の問題にしょっちゅう使われるわけですが、こういう on はどう解釈すればいいのか——動作の対象を示すのでしょうか、ともかくこうなのだとおぼえるほかありません。日本語ならば「軸のまわりを、あるいは、軸を中心として回転する」というところです。

問題はこの axis と、次の公爵夫人のせりふにある axes で、axes は ax の複数形。いうまでもなく同音異語による取りちがえです。しかし、そう理解することは簡

単でも、日本語でその同音異語をどう表現するかは、およそ簡単ではありません。適当につくりかえるほかないようですが、ある翻訳に、

> 「地球は24時間かかって、その心棒——」
> 「棒といえば、この子の頭をぶんなぐれ」

となっているのは、言葉遊びは一応できているものの、内容的に感心しません。実はこの物語のあとの方に、ハートの女王が出てきて、その女王が二言めには「首を斬れ」と叫ぶのです。ここはその伏線にもなっているところなので、首を斬るという内容を変えるわけにはいきません。

mean は、なんでも「意味する」ではない

　mean もほんとうに理解していない人が多い言葉で、そういう人はなんでもかんでも「意味する」と訳して平気でいます。mean は intend (to say), have in mind あるいは to be determined about で、頭の中にそのつ・も・り・があることをあらわします。したがって、

　I mean what I say.

は、頭の中で思っていることと、口で言っていることが同じだということで、

4　翻訳ってこんなにおもしろい

ぼくは本気でそう言っているんだ。

になりますし、

You don't mean to say so!

はまさかそんなこと言うつもりじゃないでしょうね。ということです。「ぼくは、ぼくの言うことを意味している」「あなたは、そんなことを言うことは意味していないでしょう」ではまるで通じません。

take a hint は、「ちょっとほのめかされたことの意味を悟る」「それと理解する」ですが、ここでは、それに従って次の行動をとることまで考えるべきでしょう。

to understand what is meant and act on it

と *LDOCE* にあります。

「ああ、お願い、気をつけて下さいな。」アリスは、おそろしくていても立ってもいられず叫びました。「ほら、大事なお鼻がなくなってしまう。」とびきり大きなお鍋が赤ん坊の鼻すれすれに飛んできて、あやうくその鼻をさらっていきそうになったのです。

「めいめいが自分のことだけ気をつけていりゃあ、この世はもっとくるくると手早く動いてくれるの

に」と、公爵夫人がしゃがれ声をあげました。
「それはまずいんじゃございません？」アリスは、知識を少々ご披露できるぞ、と嬉しくなりました。「まあ考えてもごらんなさい。夜昼がどんなにごたごたしてくるか。ええと、地球が自転するのにかかる時間は24時間でしたかしら——」
「ん？　かしらといえば、そうだ、この娘の頭を斧でちょん切っておしまい！」
アリスは、料理女がほんとに言われたとおりする気があるかどうか、心配になってちらとそっちを見ました。

このあとアリスはたびたびチェシャ・ネコと出あいます。赤ん坊を抱いて公爵夫人の家を出てしばらくすると、赤ん坊がブタに変わってしまったので、放してやると、トコトコと森の方へ駆け出して行きました。

"If it had grown up," she said to herself, "it would have made a dreadfully ugly child: but it makes rather a handsome pig, I think."

この make に気をつけましょう。make の意味として「……をつくる」「……を〜にする」は誰でも知っているでしょうが、この make はそのどれにもあてはまりません。しかし、「このブタは大きくなったら、おそろしくみにくい子供をこしらえることだろう」と、強引にあてはめてしまう翻訳者が世間には間々おりますから、用心が肝要です（もちろん『アリス』の翻訳にそんなひどいのは一つもありません）。これは「〜になる」grow to be, turn out to be, become の意味です。
　たとえば、この文章はわかりますか。

She made him a good wife.

いうまでもなく、彼女が彼をよい奥さんにしたはずはありませんから、

　彼女は彼のいい奥さんになった。

him ははっきりいえば for him です。これにもう一つ、次のような文章をつなげてみます。

> She made him a good wife ; not that he made her a good wife.
> 彼女は彼のよい妻になった。彼が彼女をよい妻にしたのではない。

つづいて、

> And she began thinking over other children she knew, who might do very well as pigs, and was just saying to herself, "if one only knew the right way to change them — " when she was a little startled by seeing the Cheshire Cat sitting on a bough of a tree a few yards off.

might do well とか if one only knew の one とか、もうわかるはずですね。change them のあとの棒はなんですか？　「正しい方法がわかりさえしたら」——正しいなんの方法？　いくら英語ができるようになっても、そういうことが読みとれなければ、どうしようもありません。おそらく、日本語で書かれていても理解できないでしょうから、英語の能力の問題ではなく、想像力の問題です。もちろん「ブタに変える方法」ですね。英語で補えば

change them *into pigs*.

"Cheshire Puss," she began, rather timidly, as she did not at all know whether it would like the name : however, it only grinned a little wider. "Come, it's pleased so far," thought Alice, and she went on.

puss あるいは pussy はネコの愛称、というか小児語で「ニャンちゃん」「ニャンコちゃん」「ニャーニャ」にあたります。イヌなら puppy です。

「チェシャ・ニャンちゃん」とアリスはこわごわいってみました。そんな呼び方が気に入るかどうか、まるっきりわからなかったからです。

Come は、形の上では命令法ですが、別にチェシャ・ネコに命令しているわけではなく、自分に向かって、注意をうながす意味で「さあ」とか「よし」とかいっているだけのことです。
so far は熟語で「これまでのところ」。うっかり「とても」だなどと勘ちがいしないこと。
そしてひとしきり哲学ふうのしかつめらしい対話をしたあと、チェシャ・ネコは姿を消しました。しばらくしてもう一度姿をあらわし、今度は、

… it vanished quite slowly, beginning with the end

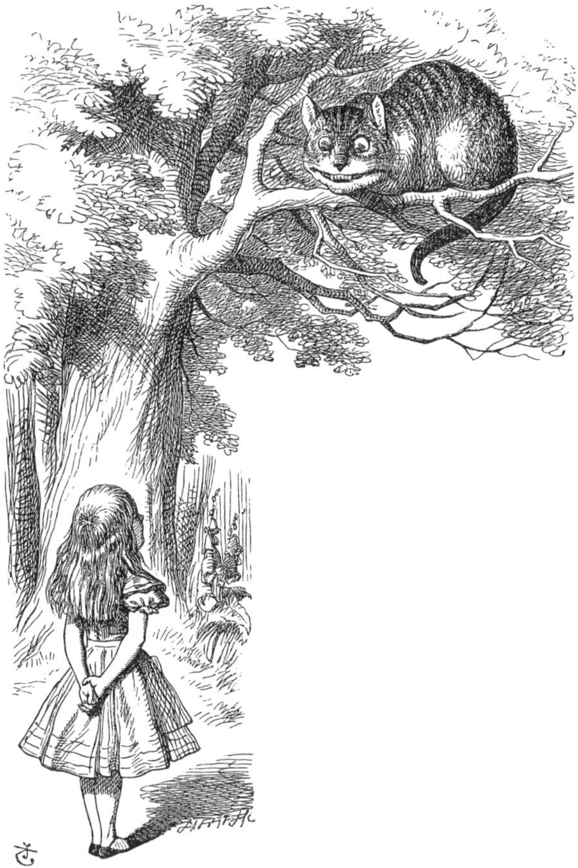

of the tail, and ending with the grin, which remained some time after the rest of it had gone.

……ゆっくりゆっくり消えて行きました。しっぽから始まって、最後は笑っている顔。その笑いは、ほかの部分が消えたあともしばらくの間残っていました。

という妙な消え方をします。アリスが次にその笑い顔を見るのは、女王のクロケー試合の場面ですが、その前に、チェシャ・ネコに教えてもらった三月ウサギと帽子屋の気ちがいお茶会に加わる場面があるので、そこから少し読むことにしましょう。

5 『アリス』の本当のおもしろさ

A Mad Tea-Party

　三月ウサギと帽子屋の気ちがいお茶会とはいったいどんないわれかといいますと、英語に as mad as a March hare とか as mad as a hatter という成句があり、それを一つのキャラクターとして、作者キャロルがこの物語に使ったのです。三月はウサギの発情期で、気ちがいじみたふるまいをするというのはわかります。帽子屋（hatter）のほうは、adder（毒蛇の一種）が転化したというのが一説としてありますが、マーティン・ガードナーは、実際に帽子屋が製造過程で使われる水銀の中毒で気が狂ったという説を注に書いています。由来のわからない言いまわしはよくあるものですから、そんなにせんさくすることもないでしょう。そのまま受けとっておけばいいことです。そして、そんな表現があるということを知らないと、とんでもない誤りをしでかすことになりかねません。エラリー・クイーンの有名な推理小説『Yの悲劇』は、Hatter 家の少年が犯人で、この成句にひっかけた文章が出てきますが、背景を知らないと、なんのことかわからないでしょう。実際に、間の抜けた翻訳をした例があります。推理小説といえば、ディクスン・カーにも *The Mad Hatter Mystery*（『帽子蒐集狂事件』）という名作があります。

　さて、きのこをかじって60センチぐらいになってから、三月ウサギと帽子屋、それに眠ってばかりいるネムリネズミ（Dormouse　語源にしたがった意味。正式にはヤ

マネという動物)のお茶の会に割りこんだアリスは、帽子屋に

"Why is a raven like a writing-desk?"
「カラスと机はどこが似ている？」

と、いきなりなぞなぞを出されますが、わかりません。ところが、帽子屋にも三月ウサギにもわからないというのでおこってしまいます。このなぞなぞはたいへん有名になって、茶の間の話題になり、いろいろ答を考え出した人がいるそうです。しかし、あんまり本気になって考えるのはバカげているのではないでしょうか。日本にもこの手のナンセンスなぞなぞがずいぶんあります。「ク

ジラとタマゴはどこが似ている？」「どっちも木に登らない」というような。

> Alice sighed wearily. "I think you might do something better with the time," she said, "than wasting it in asking riddles that have no answers."
>
> "If you knew Time as well as I do," said the Hatter, "you wouldn't talk about wasting *it*. It's *him*."
>
> "I don't know what you mean," said Alice.
>
> "Of course you don't!" the Hatter said, tossing his head contemptuously. "I dare say you never even spoke to Time!"
>
> "Perhaps not," Alice cautiously replied; "but I know I have to beat time when I learn music."
>
> "Ah! That accounts for it," said the Hatter. "He won't stand beating. Now, if you only kept on good terms with him, he'd do almost anything you liked with the clock…" (97〜98)

---

do something better with the time　with は「関連」を示す前置詞で「〜については」「〜の場合」というような意味。What is the matter *with* you? と同じ使い

方です。

toss one's head は「胸をそらす」

　帽子屋が Time と大文字を使ったのは、あとに出てくるとおり、人間なみに考えているからです。人間だから *it* はいけない、*him* を使え、というわけです。
　toss はスポーツ関係でしょっちゅう出てくる言葉ですね。野球のトス・バッティング、バレーボールでセッターがトスをあげる、サッカーでキック・オフをとるか、グラウンドをとるか、トスで（コインを投げて）きめる。つまり toss は上にほうり投げることですが、それなら toss one's head は何か？　頭など投げられるものではありません。辞書には「頭をぐいとあげる、もたげる」と書いてあります。たしかに物理的な動きからいえばそのとおりでしょうが、訳としてははなはだいただけません。というのは、それでは心理的な側面がまったく出てこないからです。ここの toss one's head には得意満面、人を見下げたような態度が感じられます。「頭をもたげる」は、今までおとなしくしていたのが、むっくり起きあがる感じ。toss one's head の心理を含めて、それと同じ物理的な動作を見たとき、日本人はなんと表現するでしょう？　おそらくいちばんふつうの言い方は「胸をそらす」あるいは「あごをつきだす」ではないでしょうか。ジェスチャー——身ぶり言語の直訳はあぶない。ほかにもいろいろあります。「目を細める」は嬉しそうに笑っている表情ですが、narrow one's eyes は「疑惑」の表出で

す。

I dare say　dareは「あえて〜する」ですから「あえて言えば」となりそうですが、I dare sayにはそんな意味はなくなって、もっと軽く、「多分」「おそらく」にすぎません。

beat time　timeは「時間」ではなく「拍子」です。beatは「(拍子を)とる」ですが、beatのほうにも、名詞として「拍子」「リズム」の意味があることはご存じでしょう。

account for　「説明する」「〜の説明(原因)となる」。explainと同じです。

stand beating　このstandは他動詞です。「打ちながら立っている」などととんでもない訳をしないように。この文章ではまちがえる人は少ないかもしれませんが、

Can you stand to be kept waiting long?

なら、うっかり「あなたは長い間立って待っていられますか」とやりそうですね。

on good terms　termsは「間柄」でgoodのところにいろいろな形容詞が使えます。たとえばon visiting terms with 〜 なら、「〜とお互いに訪問し合う間柄」です。

　　アリスはやれやれとため息をつきました。「答の

ないなぞなぞを出して時間をつぶすより、もう少しましなことをしたらいかが。」

「私とおんなじくらい時間さんのことを知ってりゃ、あんたも『時間をつぶす』だなんて、あの人のことを呼び捨てにはしないだろうね。」

「なんのことかわかりませんわ。」

「そうでしょうともさ。」帽子屋は見くだすように胸をそらせました。「時間さんに口をきいたこともないんだろう。」

「かもしれません」と、アリスは用心深く答えました。

「でも、音楽のおけいこのときには、なん拍子、なん拍子って時間を刻まなきゃいけないことは知ってます。」

「ああ、それでわかった。時間さんも、刻まれちゃたまったもんじゃない。いいかね、ふだんからあの人と仲よくしていりゃ、時計のことでどんな注文をしても、たいていやってくれるんだ。」

パーティをとび出して花園へ

そのほかこの3人といろいろわけのわからない問答や会話をしたあげく、アリスは失礼なことをいわれ憤慨してとび出してしまいます。「こんなバカみたいなパーティ生まれてはじめて。もう二度と出てやらないわ」と言いながら、ふと見ると、

> ... she noticed that one of the trees had a door leading right into it. "That's very curious!" she thought. "But everything's curious to-day. I think I may as well go in at once."

ドアのついた木があって、leading right into it ——木の中へ入ってゆけるようになっています（lead は「～へ通じる」）。「あら、ずいぶん変わっているわ (curious)。でも、今日は何もかも変わったことばかり」というわけで、curious なことはもうなんでも歓迎のアリスは、さっそく入って行きました。

　するとまた例の細長いホールです。ガラスのテーブルもあります。金の小さなかぎものっています（今は身長60センチであることをお忘れなく）。これさいわいとドアをあけ、またきのこをかじって30センチにちぢんでから、喜び勇んで花園の中へ足を踏みいれました。

　また curious thing の発見です。大きなバラの木があって白い花が咲き乱れているのに、それを3人の庭師がせっせと赤く塗っているのです。近づいて行くと、その話声が耳に入りました。

> "Look out now, Five! Don't go splashing paint over me like that!"
> "I couldn't help it," said Five, in a sulky tone.

> "Seven jogged my elbow."
>
> On which Seven looked up and said, "That's right, Five! Always lay the blame on others!"
>
> "*You'd* better not talk!" said Five. "I heard the Queen say only yesterday you deserved to be beheaded."
>
> "What for?" said the one who had spoken first.
>
> "That's none of *your* business, Two!" said Seven.
>
> "Yes, it *is* his business!" said Five. "And I'll tell him — it was for bringing the cook tuliproots instead of onions."
>
> Seven flung down his brush, and had just begun, "Well, of all the unjust things — " when his eye chanced to fall upon Alice, as she stood watching them, (105〜106)

look out は文字どおり「外を見る」ですが、命令法で「気をつけろ」の意味に使われます。前に Watch out! というのも出てきました。つなげて一語にすると (look-out) 名詞で、「見張り」「見はらし」から「先の見こみ」と意味が転用されます。

トランプたちの言い合い

I couldn't help it　　この help はちょっとわかりにく

5　『アリス』の本当のおもしろさ　　173

い言葉ですが、refrain from あるいは avoid と同義と見てよろしい。おなじみの cannot help 〜ing の help も同じです。受身の形にして It cannot be helped. ともいいます。そして、I can't help it. は、気持の上では It's not my fault. I can't stop it. だと思ってさしつかえないでしょう (*LDOCE*)。

jog　近ごろ誰でも知っている言葉になってしまいましたが、100年前にはジョギングなんてはやりませんでしたし、意味も「押す」「突く」「揺さぶる」です。

That's right　もちろん、同意ではなく皮肉でしょう。

You'd better not talk !　had better が相当強い命令であることは前にいいました。これは否定ですから、相当強い禁止ということになります。

What for ?　口語で why の代わりによく使われます。

none of your business　business も前に説明したとおりで、こういう表現もあります。このせりふは Seven が Two に向かって、自分のことは聞かれたくないものだから「おまえの知ったこっちゃない」といっているわけですが、次の "Yes, it *is* his business !" said Five. は Five が誰に向かっていっていると思いますか (Two, Five, Seven はトランプの 2、5、7 を名前にしたもので、とりあえず二兵衛、五兵衛、七兵衛にしておきましょう)。七兵衛が二兵衛に話しているところへ、五兵衛が割りこんだ。そして his business——彼の責任というからにはその

「彼」は七兵衛以外にありえない。とすると、これは、五兵衛が二兵衛に向かって説明しているのです。ほとんどの翻訳がその状況判断を誤っています。

　「手めえの知ったことじゃねえ、二助」と七助が言いました。
　「いんや、そら二助のことじゃ」と五助は言いました。

　「二どん、おまえの知ったことじゃないよ」と七が言

いました。
　「いや、大いに知ったことさ」と五が言いました。

といった調子。"And I'll tell him—"も二兵衛に向かって「おれ、あいつにこう言ってやるよ——」つまり七兵衛に聞こえよがしに、七兵衛のことを二兵衛に説明しているのです。

　of all the unjust things　　of all ～ はよく使われるきまり文句で「こともあろうに」「よりによって」「よくもよくも」。その前に「いろいろある中で」を補えばはっきりするでしょう。

　had just begun, ～ when　　just の代わりに hardly を入れれば「～するかしないかのうちに」「～したとたん」というおなじみの熟語になるでしょう。同じことです。

　as she stood ～　　as は同時性が強い「時」の接続詞で、日本語にするときには、状況に応じていろいろなくふうがいると前に説明しました。ここでも「彼女が立っているとき」などとしたら、はなはだこっけいなことになります。むしろ関係文のようにひっくり返してしまうことです。「立って～している彼女に」のように。

　ここの部分は全部会話ですから、日本語も生き生きした会話になるように心がけましょう。

　　「気をつけろよ、五兵衛。そんなにペンキをひっか

けるなよォ。」
　「だってしょうがねえだろ。七兵衛がおれの腕を押したからさ」と五兵衛が口をとがらせました。
　それを聞いた七兵衛は顔をあげて、「よく言うよ。いつだってひとのせいにしやがる。」
　「黙ってるほうが身のためだぜ」と五兵衛。「つい昨日のこった。女王さまがおっしゃってたっけ。おめえなんざ打首だって。」
　「どういうわけだ。」最初に口をきいた男が言いました。
　「おいおい二兵衛、おまえさんは関係ねえだろ」と七兵衛が言ったのにおっかぶせて、五兵衛が言うには、
　「そうよ二兵衛、この野郎に関係大ありなのさ。いいかおめえ、この野郎はなあ——料理番のとこへ、玉ネギとまちがて、チューリップの球根を持っていきやがったのよ。」
　七兵衛は刷毛をほうり出し「なにィ、よくもよくもひでえことを——」と言いかけたとたん、じっと見て立っているアリスにふと気がつきました。

トランプの女王がやってくる

　アリスが、なぜ白バラを赤く塗っているのかたずねたのに対し、二兵衛が、女王さまに赤いバラを植えろといわれたのに白バラを植えてしまった、女王さまにわかる

と首をチョンぎられるからいそいで塗りかえているところだ、と説明している折しも、遠くから女王の一行がやってきました。

全部トランプの札です。字札の中でスペードは庭師、クラブは兵士、ダイヤは廷臣、ハートは王子さまと王女さま。絵札は王族です。

"And who are *these*?" said the Queen, pointing to the three gardeners who were lying round the rose tree; for, you see, as they were lying on their faces, and the pattern on their backs was the same as the rest of the pack, she could not tell whether they were gardeners, or soldiers, or courtiers, or three of her own children.

作者はトランプの札を物語の中に実にうまく生かしています。庭師は女王がくるので、ペタッと平伏したわけですが、体が紙ですから、文字どおりペタッという感じです。そして、女王が「これは何ものか」とたずねたのにもわけがあります。

... they were lying on their faces,

前置詞のむずかしさは前にもいいましたが、on を単に「上に」と考えると誤解を生じます。いつも「接触」の感じがあると思っているほうがいい。on と over のちがい

は多分学校で習ったでしょう。上は上でも over が上方離れているのに対し、on は上にのっています。また、たとえ上にのっていなくても接触していれば on といえる場合があります。a fly on the ceiling のハエは天井の下にぶらさがっているのであって、決して天井の上にいるのではありません。on the Thames は「テムズ川に面している」です。くっついているというのは、時に支えにもなるわけで、on one's knees は「ひざまずいている」、lie on one's back は「あおむけにねる」。ではここの lying on their faces は？ 顔が地面に接触して、それが支えになっている――は大げさですが、うつぶせにねていることになります。

　　... the pattern on their backs was the same as the rest of the pack,

back, pack と語呂を合わせたような感じですが、トランプの裏の模様はみな同じですね。同じでなければゲームはできません。うつぶせにねていると、どれがどれだかわからないわけです（she could not tell whether～）。ここで pack といったのは、トランプだからこそで (次ページのトランプ用語参照)、the rest of the pack は「ほかのカード」といっておけば十分。多くの翻訳にあるように「組」とかなんとか訳すと、かえって妙なものです。

　　"How should *I* know?" said Alice, surprised at

5　『アリス』の本当のおもしろさ　179

トランプ？

　英語ではトランプのことを cards といいます。では日本語でいう「トランプ」とは、本当はなんなのでしょう？　英語で書けば trump——切札です（もとは triumph だったのが trump に切りつめられたという話）。そういえば、トランプの遊び方の一つ「ナポレオン」「ブリッジ」などで切札なしの勝負のことをノートランプ（略してノートラ）と呼びますね。ついでに、トランプの用語で、知っておいていいもの、日本語ではまちがって使われているものを英和対照で書いておきます。

spot card	字札
court card	絵札
suit	マーク（印）
club	クラブ（クローヴァとはいわない）
diamond	ダイヤ
deuce	2（もちろん two も使う）
knave	ジャック（イギリスでは knave あるいは jack, アメリカでは jack）
pack ; deck	一そろいの札
stock	場に積んだ札
hand	手札
deal	札を配る
dealer	親
shuffle	切る（切りまぜる）
wild card	何にでも使えるカード（joker が wild card に

	なることが多い。アメリカでさかんな canasta は deuce-wild, つまり2もワイルド・カードになる)
draw	積み札から引く
discard	不要の手札をすてる
sequence	順につながった何枚かのカード(5、6、7のように)
trump	切る(切札を出して他の suit の札に勝つ。カットとはいわない)
cut	インチキ防止のため pack を二つにわけて上下をいれかえる(ゲームを始める前に dealer の右隣の人がやる)

her own courage. "It's no business of *mine*."

　アリスは自分でもびっくりするくらい大胆に——といっても、私たちはアリスがこれくらい大胆でもちっともびっくりしません——「そんなこと私が知るわけありません。関係ないんですもの」と答えると、女王は、

　　"Off with her head!"
　　「この者の首をはねよ!」(次ページの絵参照)

と金切声でどなります。例の庭師たちの行状がわかると、これも「首をはねてしまえ!」です。

お上品な話にすると想像力が枯れる
　こんなにすぐに「首を斬る」とわめきたてる女王が児童文学に出てくるのは、教育上よろしくないと思う人がいるかもしれません。しかし、不思議なことに童話や民話には残酷な場面がつきものです。「かちかち山」のタヌキはおばあさんを臼の中にいれて杵でつき殺します。そのタヌキをこらしめるのも、背中の柴に火をつけるやら、泥の舟に乗せて沈めるやら、むごたらしい限りです。グリム童話にも殺したり殺されたりの話は山ほどあります。しかし意外に子供は、こういうことを残酷とかむごたらしいとか思わないのではないでしょうか。ぼく自身の経験に照らしてもそういえるような気がします。すべておとなしくお上品に、やさしく、民主的に、暴力は一切否

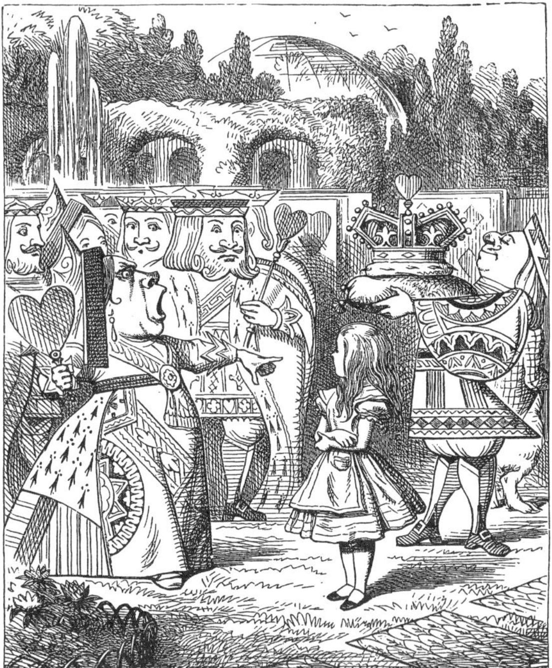

定した話に変えてしまうと、かえって想像力が枯れてしまうでしょう。物語の中の人物は、いくら殺されても生きているのです。それに不思議の国のこの女王のように、ことあるごとに「首をチョンぎれ！」とわめいているのは、それ自体笑いをさそうでしょう。特に日本語には、「おまえはくびだ」という表現が別にあることからして、よりいっそうおかしみがあります。

うねとあぜ？

アリスは王さまのお声がかりで首をはねられずにすみ、庭師たちはアリスがかくまってやっていのちが助かったあと、アリスは女王の招待でクロケーの競技に加わりますが、これがまたたいへん curious なしろものでした。

she had never seen such a curious croquet-ground in her life: it was all ridges and furrows: the croquet balls were live hedgehogs, and the mallets live flamingoes, and the soldiers had to double themselves up and stand on their hands and feet, to make the arches.

ridge とは、二つの傾斜した面が交わってできた線（稜）に類するものすべてをいいます。山の尾根もそうなら、屋根の棟もそう、鼻梁もそうです。別の言い方をすれば、両側が低くて、まん中だけ細く高くなっている部分。畑ならすきを使って土を高くもりあげたところ、つ

まりうねがそれにあたります。furrow は逆に、すきで掘られたところ、みぞというかくぼみというか、とにかく低くなった部分をいいます。ところがなんと curious なことに、どの翻訳書にも ridges and furrows が「うねとあぜ」と書かれています。うねもあぜも本質的には同じものですから、二つ並べるのは意味がありません（みなさん日本語をご存じないようですね）。

　live は形容詞で［laiv］と発音することを忘れないように。特に二つめの the mallets live flamingoes は、mallets のあとの were が省略されているので、うっかり動詞とまちがえそうなところですから、気をつけましょう。

　double up は「二つに折る」。ここでまたカードのイメージが生きてきますね。みんなうすっぺらな紙でできていますから、ぐいっと体を曲げれば、クロケーのアーチにちょうどいいというわけです。ball, mallet, arch (hoop) については、クロケーの解説（99ページ）を参照して下さい。

　チェシャ・ネコにもまたであいます。チェシャ・ネコも首斬りを宣告されて消えていきました。公爵夫人にもまたであいます。公爵夫人は前とはちがってばかに機嫌がよく、やたらに教訓だのことわざを、まちがえたりもじったりしながら並べたてます。その中には前に紹介した "Love makes the world go round." もあります。

　Take care of the sense, and the sounds will take

care of themselves.

という気のきいたものもあります。これは Take care of the pence and the pounds will take care of themselves.（1円を大切にすれば、大金はひとりでにできあがる）のみごとなもじりです。アリスがめんどうくさくなって口をつぐんでいると、

  "Thinking again?" the Duchess asked, with another dig of her sharp little chin.
  "I've a right to think," said Alice sharply, for she was beginning to feel a little worried.
  "Just about as much right," said the Duchess, "as pigs have to fly : and the m — "

ブタに飛ぶ権利がある

dig はふつうは「掘る」ですが、ここでは「つっつく」ぐらいの意味。それを名詞に使っています。「またぞろ、その小さなとんがったあごで（アリスの肩を）つっついて」。

as pigs have to fly のところをまちがえないようにしましょう。have to の形だと思ったらたいへんです。as much right as pigs have とつながっているので、「ブタが持っているのと同じだけの権利」。そして to fly は「権利」にかかる形容詞句ですから、「ブタに飛ぶ権利があるのと同じだけの権利はある」ということになります。

では「ブタに飛ぶ権利がある」とはいったいなんでしょうか。Pigs might fly. という言いまわしがあります。ブタはふとっていて、もたもたしていて、およそ飛ぶという連想など働かない動物です。つまり、およそありそうもないことをあらわすために Pigs might fly. というわけ。そして、「そんなこと信じられるか。バカバカしい」を意味することにもなります。その点、日本語の「ヘソが茶をわかす」にちょっと似ているところがあるかもしれません。

　「考えごとしちゃいけないって法はないでしょう。」
　「そりゃたしかにね。おヘソがお茶をわかしちゃいけないって法もないから——きょ」

「教訓 (moral)」と言いかけて公爵夫人が口をつぐんだのは、目の前に女王がおそろしげな顔をして立っていたからです。首がとばされるか、おまえがとばされるか、二つに一つ、と言われて、公爵夫人はとんで逃げました。

果報・電報・情報・虚報
　つづいてアリスは、女王ににせ海ガメのところへ行けといわれて、そこで話を聞くのですが、その話というのがもじりやしゃれの連続で、翻訳者はさんざん頭をしぼらされることになります。
　学校で教わる教科の Ambition, Distraction, Uglification, Derision は Addition（足し算）、Subtraction（引き

算)、Multiplication (掛け算)、Division (割り算) をもじったものですが、こういうのはただ音をまねただけで、意味の上で何かしかけがしてあるわけではありませんから、たとえば、だまし算、ひいき算、からおけ算、わらい算、あるいは、加法・減法・乗法・除法をもじって、果報・電報・情報・虚報としてもいいわけです。そのあとに「Uglification てなんですか?」という問答が出てきますが、「情報」は誰でもわかる言葉ですから、「虚報」のほうに質問を移しかえればなんとかなるでしょう。Reeling and Writhing は、Reading and Writing (読み方、書き方) のもじりですが、これは reel (よろける) と writhe (もがく) の組合せにおもしろさがあります。「酷語」と「癲文」なんてのはどうでしょうか。Laughing and Grief (笑いと悲しみ) は Latin and Greek で、これまた対になった言葉が絶妙です。「楽チン語と苦シヤ語」は、苦しいながらもまずまずと思います。もっと厄介なのは音と意味の両方にひっかかりがあるしゃれです。たとえば、

"We called him Tortoise because he taught us."

声に出して読んでみるとこのおもしろさがよくわかると思いますが、そのおもしろさを日本語の訳で出すのはたいへんな難事業です。

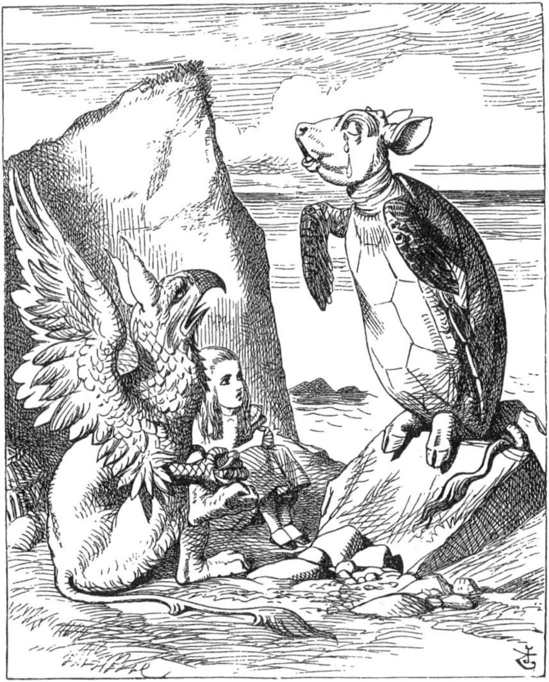

「私たちはカメ様と呼んでおりました。ほんとカミ様みたいにありがたい教えでしたから。」

誰がパイをぬすんだか？

このへんでカンメンしていただいて、いよいよ不思議の国の物語の最後の場面、裁判の話に入るとしましょう。題して Who Stole the Tarts?「誰がパイをぬすんだか？」これは、

"The Queen of Hearts, she made some tarts,
All on a summer day :
The Knave of Hearts, he stole those tarts
And took them quite away !"

(意味はやさしいから書きません)

というマザー・グースのうたの一節が土台になっていて、ハートのジャックがその罪を問われ、法廷に今まで登場したさまざまな人物動物が証人として呼び出されるという趣向になっています。

第一の証人、帽子屋が訊問されている途中、アリスは curious な感じがしてきました。

Alice felt a very curious sensation, which puzzled her a good deal until she made out what it was : she was beginning to grow larger again, and she thought at first she would get up and leave the court ; but on

> second thoughts she decided to remain where she was as long as there was room for her.

今まで勉強したことでこれは十分わかるはずです。make out は understand。最後の where she was は、先行詞を含んだ関係副詞節で、「自分が今いるところに」remain「そのままとどまる」。as long as there was room for her. room は「余裕」で、as long as は「～の限り」ですから、「場所がある間は」ということになります。

　隣に坐っていたネムリネズミが「そんなに押さないでよ。息もできないじゃないか」というので、アリスは「だってしょうがないのよ。私、今、大きくなっているの」と答えます。そのときのネムリネズミのせりふがとても大事だと思います。

> "You've no right to grow *here*,"
> 「こ̇こ̇では、大きくなる権利はないんですよ。」

こ̇こ̇とはどこでしょう？　この法廷かもしれません。しかし、ぼくはこの不思議の国だと解釈したいのです。小さくなければ不思議の国にはいられない。小さくなれないばかりに、アリスは不思議の花園に入れず、どれほど困ったか。そして、小さいとか大きいとかは、単に体の問題でもないと思います。子供のような心をもっていなければ、不思議の国、幻想の世界に入ることを許されな

5　『アリス』の本当のおもしろさ

いのではないでしょうか——幼な子のごとくなければ天国へ入ることができないのと同じように。分別くさい、小ざかしいおとなは、しょせん、幻想の世界には縁なき衆生です。

アリスの証言の番がきました。大きくなっているのをつい忘れていきおいよく立ち上ったので、

she tipped over the jury-box with the edge of her skirt, upsetting all the jurymen on to the heads of the crowd below, and there they lay sprawling about, reminding her very much of a globe of gold-fish she had accidentally upset the week before.

復習しましょう。
　　upsetting　　　この -ing は？
　　sprawling　　　この -ing は？
　　reminding　　　この -ing は？

「たかがトランプの札じゃない」

物語の発端となった白ウサギが証拠物件として、最後にわけのわからないむずかしい詩を持ち出し、いよいよ陪審員の評決という段になって女王が「評決より宣告が先」とおかしなことをいい出したためにアリスは「そんなバカな」と大声で反対します。女王といい合いになったあげく、

"Who cares for *you*?" said Alice (she had grown to her full size by this time). "You're nothing but a pack of cards!"

「あなたのことなんか誰が気にするもんですか。たかがみんなトランプの札じゃないの。」

日常世界の大きさにもどっていたアリス。これは、幻想世界で口にすべき言葉ではなかったでしょう。nothing but「〜にすぎない」「たかが〜」といってしまったら、不思議の国の住人は立つ瀬がなくなります。

At this the whole pack rose up into the air, and came flying down upon her; she gave a little scream, half of fright and half of anger, and tried to beat them off, and found herself lying on the bank, with her head in the lap of her sister, who was gently brushing away some dead leaves that had fluttered down from the trees upon her face.

At this　　at は便利な言葉で、何かを見て、あるいは聞いて、あるいは考えて、など気持の原因となることを一手に引き受けて表現してくれます。

beat them off　　off は分離を示します。「払いのける」。女王が何十回と口にした "Off with ... 's head!" も同じで off with は命令文で「取り去る」です。stamp the snow　off は「足踏みして体についている雪を落す」。

5　『アリス』の本当のおもしろさ　　193

walk the sweat off は「歩きながら汗をふり落す」。

with her head 〜　付帯状況を示す with。with his hands in the pockets なら「手をポケットにいれて」です。

lap は英語で説明すると、the front part of a seated person between the waist and the knees. 要するに膝枕で頭をのせる部分のことだと思えばいいでしょう。

「たかがトランプの札」の一言に、トランプたちはパッと宙に舞いあがり、雨霰とアリスの上に降ってきました。びっくりするやら、腹立たしいやら、あわててそれを払いのけようとしたとたん――目がさめました。先ほどまでと同じ土手の上。お姉さんの膝を枕に眠っていたのです。

「ああ、夢だったのか。それにしてもなんておかしな夢」。She told her sister, as well as she could remember them, all these strange Adventures of hers. アリスは、この不思議な冒険の数々をせいいっぱい覚えている限りお姉さんに話しました。When she had finished, her sister kissed her, and said, "It *was* a curious dream, dear, certainly ; but now run in to your tea : it's getting late." 話し終わると、お姉さんは、アリスにキスをして言いました。「ほんと、おもしろい夢だったのね。それじゃあ、お茶をいただきに行ってらっしゃい。おそくなりそうだから」。

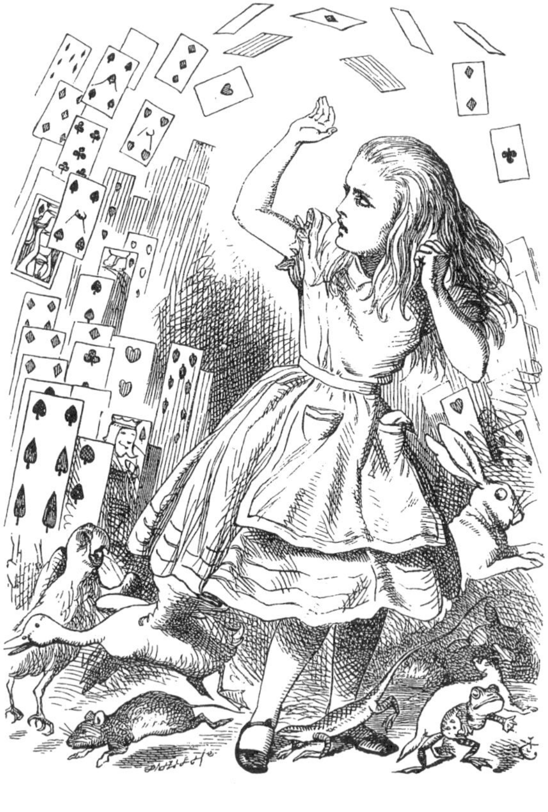

アリスはとっと、とっとと走って行きました。白ウサギみたいに「たいへん、たいへん、遅れそうだ」とは言いません。走りながら「へんてこな夢だったなあ」と、そればかり考えていました。

あとがき風に

　皆さんもそろそろお茶の時間でしょう。英語の勉強をしながら、アリスの物語を読んで、なんとか終わりまで漕ぎつけました。物語自体は、白ウサギの登場が皮切りで、まさしくはじめは脱兎のごとくですが、この本は、はじめはゆっくりゆっくり道草を食いながら進んでいたのに、途中からだんだん脱兎のごとく駆足になってしまいました。

　そのために curious で strange なたくさんの adventures をとばさざるをえなくなったのがたいへん残念です。そのかわり、学校ではあまり教わらないことをいろいろ伝授したつもりですが、いかがでしたか。それはそれとして、ともかくもアリスとともに不思議な幻想世界を少しは楽しめたことと思います。

　アリスのお姉さんは、アリスが走り去ったあともひとりでじっと考えていました。だんだん夢心地になって、自分も不思議の国にいるような気がしてきました。白ウサギ、チェシャ・ネコ、ハートの女王……目をあければすべてが消え、おもしろくない現実の世界にもどることはよくわかっています。けれども、だからこそ、心の中にそういう世界をもっていることがどれほど貴く大切か、とつくづく思われてくるのでした。

これは『アリス』の最後のパラグラフです。原文と訳文をあげますから、さあ、最後の一ふんばり──

Lastly, she pictured to herself how this same little sister of hers would, in the after-time, be herself a grown woman; and how she would keep, through all her riper years, the simple and loving heart of her childhood; and how she would gather about her other little children, and make *their* eyes bright and eager with many a strange tale, perhaps even with the dream of Wonderland of long ago; and how she would feel with all their simple sorrows, and find a pleasure in all their simple joys, remembering her own child-life, and the happy summer days.　(164)

　最後にお姉さんは、このかわいい妹がゆくゆく一人前のおとなになったときのことを思い描きました。あの子は、おとなになってもその間ずっと、子供のときと同じすなおでやさしい心を持ちつづけることだろう。小さな子供たちをまわりに集めては、いろいろ珍しいお話をしてやる。子供たちは目を輝かせ、夢中になってききいっている。遠い昔の不思議の国の夢のお話も、ひょっとすると、その中にはいって

> いるかもしれない。そして、子供たちのたわいない悲しみを自分も悲しみ、無邪気な喜びに自分も喜び、自分の子供時代のこと、楽しかった夏の日々のことをなつかしく思い出すのではないだろうか、と。

　すばらしいですね。皆さんも自分の子供にアリスの冒険を話して聞かせてあげて下さい。そして──『アリス』を英語で読んだことまで聞かせてあげられたら、なおさらすばらしいじゃありませんか。

　終わりにあたって、この本を書く機会を与えて下さったPHP研究所出版部の後藤恵子さん、途中から交代して本にするまで面倒を見て下さった宮下研一さんにあつく御礼申しあげます。

　1985年4月
　　　　　3月（生まれの）**ウサギ**（年）　　別宮貞徳

またまたあとがき風に

あるとき翻訳の愛弟子のひとりが言うには、「先生、もっと英語が上達したいんですけれど、いい方法ありませんか」。そこでこう教えてやりました。「第一は、アルファベット A, B, C... をうしろからさかさまに Z, Y, X... と、できるだけ早く、まちがいなく言えるように練習すること。次は、エゴノキの種をまいて、『早く芽を出せエゴの種』ととなえながら毎日欠かさず水をやり、大事に育てて実が生ったら、それを煎じてのむこと」。ぼくはこういうふざけたことを手紙やファクスで書き送るのが大好きで、実はそれは『不思議の国のアリス』の著者ルイス・キャロルの感化なのです。彼は『アリス』の話を聞かせた相手のアリスをはじめ、幼い女の子たちにユーモラスなとっ拍子もない手紙を数知れず書いていました。うそだと思う方は『アリスへの不思議な手紙』(拙訳、東洋書林)という本をご覧下さい。

もちろん、この英語上達法は冗談で、誰も信じはしませんが、今は、冗談抜きの、誰も信じてまちがいないほんとうの英語上達法をおすすめすることができます。それは何を隠そう、手はじめに『「不思議の国のアリス」を英語で読む』を読むこと。そしてそれだけでは足りない、続けて『不思議の国のアリス』も英語で読むこと——も

ちろん全部——です。読むほどに、あら不思議、英語の実力がアリスの首のように伸びてくること疑いありません。

　この本は20年近く前、PHP研究所から新書、つづいて文庫で出たものです。それがぼくの知らないうちに水面下で交渉が進められて、今度筑摩書房の文庫で出ることになりました。こういうのを「本、刷り合うも他社の縁」というのかどうか。ともあれPHP研究所編集部、とりわけ後藤恵子さんと、筑摩書房編集部、とりわけ町田さおりさんに心から御礼申し上げます。

　　2004年6月

　　　　　　　　　　　　　　　　　　　　別宮貞徳

本書は一九八五年五月二四日、PHP研究所より刊行された。

書名	著者	紹介
漢文入門	前野直彬	漢文読解のポイントは「訓読」にあり！その方法はいかにして確立されたか、歴史も踏まえつつ漢文を読むための基礎知識を伝授。（齋藤希史）
精講 漢文	前野直彬	往年の名参考書が文庫に！文法の基礎だけでなく、中国の歴史・思想や日本の漢文学をも解説。漢字文化の多様な知識が身につく名著。（堀川貴司）
改訂増補 古文解釈のための国文法入門	松尾聰	助詞・助動詞・敬語等、豊富な例をもとに語彙を吟味しつつ、正確な古文解釈に必要な知識を詳述。多くの学習者に支持された名参考書。（小田勝）
考える英文法	吉川美夫	知識ではなく理解こそが英文法学習の要諦だ。簡明な解説と豊富な例題を通して英文法の仕組みを血肉化させていくロングセラー参考書。（斎藤兆史）
わたしの外国語学習法	ロンブ・カトー 米原万里訳	16ヵ国語を独学で身につけた著者が明かす語学学習の秘訣。特殊な才能がなくても外国語は必ず習得できる！という楽天主義に感染させてくれる。
英語類義語活用辞典	最所フミ編	類義語・同意語・反意語の正しい使い分けが、豊富な例文から理解できる定評ある辞典。学生や教師・英語表現の実務家の必携書。（加島祥造）
日英語表現辞典	最所フミ編著	日本人が誤解しやすいもの、まぎらわしい同義語、日本語の伝統的な表現・慣用句・俗語を挙げ、詳細に解説。英語理解のカギになる。（加島祥造）
言 海	大槻文彦	統率された精確な語釈、味わい深い用例、明治の刊行以来昭和まで最もポピュラーで多くの作家に愛された辞書『言海』が文庫で。（武藤康史）
名指導書で読む 筑摩書房 なつかしの高校国語	筑摩書房編集部編	名だたる文学者による編纂・解説で長らく学校現場で愛された幻の国語教材。教室で親しんだ名作と、珠玉の論考からなる傑作選が遂に復活！

言語学を学ぶ	千野栄一	『外国語上達法』の著者による最良の入門書。『音声学』『比較言語学』『方言学』など、言語学の全体がコンパクトにまとまった一冊。
文章心得帖	鶴見俊輔	「余計なことはいわない」「紋切型を突き崩す」「実践的に展開される本質的文章論。70年代に開かれた一般人向け文章教室の再現。（加藤典洋）
ことわざの論理	外山滋比古	「隣の花は赤い」「急がばまわれ」……お馴染のことわざの語句や表現を味わい、英語の言い回しと比較し、日本語の心性を浮き彫りにする。
知的創造のヒント	外山滋比古	あきらめていたユニークな発想が、あなたにもできる！ 著者の実践する知的習慣、個性的なアイデアを生み出す実践トレーニングを紹介！
英文対訳 日本国憲法		英語といっしょに読めばよくわかる！ 「日本国憲法」のほか、「大日本帝国憲法」「教育基本法」全文を対訳形式で収録、自分で理解するための一冊。
知的トレーニングの技術〔完全独習版〕	花村太郎	お仕着せの方法論をマネするだけで、真の知的創造にはつながらない。偉大な先達が実践した手法から実用的な表現術まで盛り込んだ伝説のテキスト。
思考のための文章読本	花村太郎	本物の思考法は偉大なる先哲に学べ！ 先人たちの思考を10の形態に分類し、それらが生成・展開していく過程を鮮やかに切り出す、画期的な試み。
「不思議の国のアリス」を英語で読む	別宮貞徳	このけたはずれにおもしろい、奇抜な名作をいっしょに英語で読んでみませんか──『アリス』の世界を原文で味わう、またとない道案内。
さらば学校英語 実践翻訳の技術	別宮貞徳	英文の意味を的確に理解し、センスのいい日本語に翻訳するコツは？ 日本人が陥る誤訳の罠とは？ 達人ベック先生が技の真髄を伝授する実践翻訳講座。

書名	著者	紹介
深く「読む」技術	今野雅方	「点が取れる」ことと「読める」ことは、実はまったく別ではないか？「読める」ための徹底訓練講座を、培い自分で考えるための徹底訓練講座。
議論 入門	香西秀信	議論で相手を納得させるには5つの「型」さえ押さえればいい。豊富な実例と確かな修辞学的知見をもとに、論証と反論に説得力を持たせる論法を伝授！
どうして英語が使えない？	酒井邦秀	「でる単」と「700選」で大学には合格した。でも、少しも英語ができるようにならなかった「あなた」へ。学校英語の害毒を洗い流すための処方箋。
快読100万語！ペーパーバックへの道	酒井邦秀	辞書はひかない！わからない語はとばす！すぐ読めるやさしい本をたくさん読めば、ホンモノの英語が自然に身につく。奇跡をよぶ実践講義。
さよなら英文法！多読が育てる英語力	酒井邦秀	「努力」も「根性」もいりません。愉しく読むうちに豊かな実りがあなたにも。人工的な「日本英語」を棄てて真の英語力を身につけるためのすべてがここに！
古文読解のための文法	佐伯梅友	複雑な古文の世界へ分け入るには、文の組み立てや語句相互の関係を理解することが肝要だ。「佐伯文法」の到達点を示す、古典文法の名著。(小田勝)
翻訳仏文法（上）	鷲見洋一	多義的で抽象性の高いフランス語を、的確で良質な日本語に翻訳するコツを伝授します。多彩な訳例と実用的な技術満載の名著、待望の文庫化。
翻訳仏文法（下）	鷲見洋一	原文の深層からメッセージを探り当て、それに言葉を与えて原文の「姿」を再構成するのが翻訳だ──初学者も専門家も読んで納得の実践的翻訳術。
チョムスキー言語学講義	チョムスキー／バーウィック 渡会圭子訳	言語とは、ヒトに進化した生物学的な能力であろう。その能力とはいかなるものか。なぜ言語が核心なのか。言語と思考の本質に迫る格好の入門書。

書名	著者	紹介
〈英文法〉を考える	池上嘉彦	文法を身につけることとコミュニケーションのレベルでの正しい運用の間のミッシング・リンクを、認知言語学から繋ぐ。
日本語と日本語論	池上嘉彦	認知言語学の第一人者が洞察する、日本語の本質。既存の日本語論のあり方を整理し、言語類型論の立場から再検討する。(西村義樹)
文章表現 四〇〇字からのレッスン	梅田卓夫	誰が読んでもわかりやすいが自分にしか書けない、そんな文章を書こう。発想を形にする方法、〈メモ〉の利用法、体験的に作品を作り上げる表現の実践書。(野ર益寛)
論証のルールブック[第5版]	フランシス・ウェルマン 梅田昌志郎 訳	完璧に見える主張をどう切り崩すか。名弁護士らが用いた技術をあますことなく紹介し、多くの法律家に影響を与えた古典的名著。(平野龍一/高野隆)
反対尋問	アンソニー・ウェストン 古草秀子 訳	論理的に考え、書き、発表し、議論する。そのための最短ルートはマニュアルでなく、守るべきルールを理解すること。全米ロングセラー入門書最新版！
古代日本語文法	小田勝	現代語文法の枠組みを通して古代語文法を解説。中古和文を中心に本書には古典籍を読み解くために必要不可欠な知識が網羅されている。学習者必携。
概説文語文法 改訂版	亀井孝	傑出した国語学者であった著者が、たんに作品解釈のためだけではない「教養としての文法」を説く。国文法を学ぶ意義を再認識させる書。(屋名池誠)
レポートの組み立て方	木下是雄	正しいレポートを作るにはどうすべきか。『理科系の作文技術』で話題を呼んだ著者が、豊富な具体例をもとに、そのノウハウをわかりやすく説く。
中国語はじめの一歩[新版]	木村英樹	発音や文法の初歩から、中国語の背景にあるものの考え方や対人観・世界観まで、身近なエピソードとともに解説。楽しく学べる中国語入門。

「不思議の国のアリス」を英語で読む

二〇〇四年八月十日　第一刷発行
二〇二三年八月二十日　第十一刷発行

著　者　別宮貞徳（べっく・さだのり）
発行者　喜入冬子
発行所　株式会社筑摩書房
　　　　東京都台東区蔵前二─五─三　〒一一一─八七五五
　　　　電話番号　〇三─五六八七─二六〇一（代表）
装幀者　安野光雅
印　刷　株式会社精興社
製本所　株式会社積信堂

乱丁・落丁本の場合は、送料小社負担でお取り替えいたします。
本書をコピー、スキャニング等の方法により無許諾で複製することは、法令に規定された場合を除いて禁止されています。請負業者等の第三者によるデジタル化は一切認められていませんので、ご注意ください。

© SADANORI BEKKU 2004 Printed in Japan
ISBN4-480-08872-5 C0182